일상의 풍랑에서 제자로 사는 삶

네비게이토 선교회는
국제적이며 복음적인 기독교 기관이다.
예수 그리스도께서는 자기를 따르는 자들에게
"너희는 가서 모든 족속으로 제자를 삼으라"
(마태복음 28:19)는 지상사명을 주셨다.
네비게이토 선교회는 세계 모든 국가에서
예수 그리스도의 일꾼들을 배가시켜
이 지상사명의 성취를 돕는 것을
근본 목표로 하고 있다.

네비게이토 출판사는
네비게이토 선교회의 문서 선교를 담당하고 있다.
본 출판사에서는 그리스도인의 영적 성장을 돕는
서적과 자료들을 출판하여,
그리스도인의 삶의 기초가 견고한
헌신된 제자로 성장하게 하고,
나아가 성숙한 인격과 지도력을 갖춘
일꾼이 되도록 돕고 있다.

Translated by permission
Title originally published in English as
LORD OF MY ROCKING BOAT by NavPress.
a ministry of The Navigators, USA.
© 1981 by Carole Mayhall.
All rights reserved
Korean Copyright © 1988, 2017
by Korea NavPress.

일상의 풍랑에서 제자로 사는 삶

캐롤 메이홀

LORD OF MY ROCKING BOAT

CAROLE MAYHALL

TO KNOW CHRIST AND TO MAKE HIM KNOWN

인생의 배가 요동칠 때
"잠잠하라! 고요하라!" 하고
말씀하시는 우리 주님의 음성을
듣기를 갈망하는 모든 분들에게
이 책을 바칩니다.

차 례

제 1 부 : 내 작은 배를 요동치게 하는 것은 무엇인가 / 9

   1. 문 제 / 15

   2. 사 람 / 27

   3. 우선순위 / 39

   4. 고 통 / 55

   5. 무가치한 것들 / 67

   6. 성격 - 나 자신의 문제 / 79

   7. 감 옥 / 89

   8. 큰 파도 / 111

   9. 새는 틈 / 139

   10. 날아오름 / 155

제 2 부 : 이분은 누구신가 / 167

   11. 세부적인 일을 다 주관하시는 하나님 / 171

   12. 햇빛을 비추시는 하나님 / 185

   13. 즐거움을 주시는 하나님 / 201

제 1 부

내 작은 배를
요동치게 하는 것은
무엇인가

별안간 해면 위로 돌풍이 몰아쳤습니다. 거대한 파도가 작은 배를 순식간에 높이 들어 올렸습니다. 배는 잠깐 물마루에 얹혔다가 다음 순간 깊은 물골로 떨어져 내렸습니다. 잇달아 파도가 덮쳐 배에 물이 차기 시작하자 배는 둔하게 움직였습니다.

단련된 뱃사람들의 얼굴에도 근심이 어렸습니다. 수많은 폭풍을 이겨낸 바다의 백전노장들도 이번만은 자신들의 생명을 앗아 갈지도 모르는 위험천만한 폭풍 속에 휘말려 있다는 것을 본능적으로 느끼고 있었습니다. 그런데 한 사람은 근심하지 않았습니다. 피곤했던 그는 그렇게도 요동치는 그 작은 배의 고물에 누워 아무것도 모르는 채 잠을 자고 있었습니다. 사람들은 이제 더 이상 참을 수 없었습니다. 한 사람이 자는 사람의 어깨를 흔들며, 세차게 부는 바람 소리 때문에 큰 소리로 외치며 깨웠습니다. "선생님이여, 우리의 죽게 된 것을 **돌아보지** 아니하시나이까?"

그 선생님은 잠이 깨어 피로에 지친 눈을 천천히 떴습니다. 얼굴에는 여러 표정이 한꺼번에 다 어렸습니다. 피로, 슬픔, 사태를 알아차림, 온유함… 등. 그는 일어서서 바다를 향해 명했습니다. "잠잠하라! 고요하라!"

갑자기 모든 것이 조용해졌습니다. 잔잔해진 바다는 구름 사이로 얼굴을 내민 태양 빛을 반사했습니다. 수면은 거울처럼 반반해졌습니다.

선생님은 제자들을 향하여 물으셨습니다. "어찌하여 이렇게 무서워하느냐? 너희가 어찌 믿음이 없느냐?"

마가복음 4장에 있는 이 기사를 읽을 당시 내 생의 배는 많은 세파에 시달려 깨어져 가고 있었고, 나는 제자들처럼 두려움에 빠져 있었습니다. 3년간이나 폭풍이 기승을 부렸습니다. 그리스도께서 소용돌이치는 한 곳을 향해 "잠잠하라!"라고 명하시면 다른 곳에서 광풍이 일기 시작하는 것 같았습니다. 주님께서 그걸 잠잠케 하시면 또 다른 방향에서 돌풍이 몰려와 내 배를 강타했습니다. 내 인생의 바다가 과연 일시에 자자해질 수 있을까 하는 의심이 생기기 시작했습니다.

하지만 계속 내 삶의 균형을 깨뜨리는 것은 사나운 폭풍이 아니라 쉴 새 없이 밀어닥치는 작은 파도들 곧 끊임없는 작은 갈등들이었습니다. 하루하루 쉴 새 없이 일어나는 이 작은 파도들은 내 마음을 흔들어 놓아 심기를 불편하게 하고, 좌절감에 빠지게 하기 일쑤요, 때로는 심한 뱃멀미에 시달리게도 합니다!

우리는 일상생활 가운데 찾아오는 문제, 압력, 고통들을 어떻게 다루고 있습니까? 단지 이를 악물고 참기만 합니까? 인생에는 보다 작은 파도들이 쉴 새 없이 몰려오기 때문에 폭풍이 물러가기만을 기다리며 참고 견딘다는 것은 어려운 일입니다.

만일 바다가 잠잠해지기만을 기다리며 산다면, 우리는 우리에게 주어지는 귀중한 한 순간 한 순간들을 놓치고 말 것입니다.

우리의 항해는 변화가 많은 다양한 날씨 가운데서 이루어집니다. 금방이라도 비를 퍼부을 듯한 먹구름 사이로 햇빛이 반짝 비치는 순간도 있지만, 배에 가득 찬 물을 퍼내는 일에 너무 바쁘다 보면 하나님께서 보내 주시는 그런 따뜻한 미소를 보지 못하는 경향이 있습니다.

나는 우리의 항해에 파도가 늘 따라다닌다는 사실을 깨닫고 있습니다. 우리는 파도가 온다는 것을 예상할 수 있고, 알아차릴 수 있으며, 파도를 타면서 사는 법을 배울 수도 있고, 하나님께서 그것을 사용하여 우리를 가르치신다는 것을 알고 그분께 배울 수도 있습니다. 하나님께서는 이렇게 약속하셨습니다. "네가 물 가운데로 지날 때에 내가 함께할 것이라. 강을 건널 때에 물이 너를 침몰치 못할 것이며, 네가 불 가운데로 행할 때에 타지도 아니할 것이요, 불꽃이 너를 사르지도 못하리니, 대저 나는 여호와 네 하나님이요, 이스라엘의 거룩한 자요, 네 구원자임이라"(이사야 43:2-3). 하나님께서는 '물 가운데로'라고 말씀하셨는데, 이 말은 **물 건너 저편이 있다**는 것을 뜻합니다. 우리는 물을 건너가기도 하고 건너오기도 합니다. 하나님께서는 폭풍을 잔잔케 하시고, 광풍을 잠잠케도 하시며, 평온을 가져다주기도 하십니다.

내가 큰 폭풍과 작은 파도 두 가지와 씨름하고 있을 때 그리스도께서는 마가복음 4장에서 그 제자들에게 소리 높여 말씀하셨던 것만큼이나 분명하게 내 마음속에 말씀하셨습니다. 마치 거대한 닻과 같은 두 가지의 진리가 나의 배를 정박시키기 위해 내려졌습니다. 먼저 그리스도께서는 "왜 두려워하느냐? 내가 이 폭풍을 잠잠케 할 능력을 가지고 있다는 걸 넌 모르느냐?"라고 말씀하셨습니다. 그런 다음 주님께서는 분명한 음성으로 능력 있게 말씀하셨습니다. "네가 어느 곳에, 어떤 환경 가운데 있든지, 내가 너와 함께 있다면 **너는 안전하다**. 내 딸아, 너는 내가 잠잠하라고 말하기 이전에도 그 이후와 마찬가지로 안전하다. 왜냐하면 **내가 너와 함께 그 배에 타고 있기 때문이다**."

하나님께서는 우리 각 사람이 주님을 배울 수 있도록 각 사람에 맞춰서 파도와 폭풍우와 햇빛을 적절하게 내려 주십니다. 하나님께서는 우리의 눈물과 시련들을 통해서 가르쳐 주실 뿐만 아니라, 즐거움을 통해서도 가르쳐 주시고, 어려움 가운데서 우리를 구조하심으로써 우리를 가르쳐 주기도 하십니다.

산더미같이 큰 파도가 나를 위협하든 작은 파도들이 끊임없이 나의 배를 요동시키든 폭풍우에 대한 두려움 가운데서 살 필요가 없습니다. 그리스도께서 **모든 것** 곧 내 삶의 모든 환경을 다스리시는 분이시며, 내가 탄 배의 선장이기도 하시기 때문입니다!

1
문 제

그 날은 퍽 평온한 가운데서 하루를 시작했습니다. 쉬지 않고 비가 내렸지만 그것은 별 문제 될 게 없었습니다. 월요일에는 남편이 집에서 일했기 때문에 나는 간식거리를 사러 가까운 도넛 가게로 가기로 했습니다. 그건 퍽 간단한 일 같았습니다.

나는 새로 포장된 쇼핑센터 주차장까지 차를 몰고 가서 한편 구석의 빈자리를 찾아 차를 그리로 밀어 넣었습니다. 그러나 차가 아스팔트를 벗어나지 않도록 막아주는 시멘트 블록이 아래로 움푹 패어진 구덩이에 빠져 있다는 것을 알지 못했던 게 내 불찰이었습니다. 차를 그리로 넣자마자 앞바퀴가 아스팔트를 벗어나 구덩이로 미끄러지면서 30cm 가량 물속에 빠져 버렸습니다. 후진 기어를 넣고 아무리 차를 빼려고 해도 소용이 없었습니다.

'이 일로 남편의 일을 방해하지는 않겠다. 나 혼자서 해결하겠어.' 나는 스스로 굳게 다짐했습니다. 도넛을 사 가지고 빗속을 걸어 집으로 왔습니다. 집까지는 세 구역밖에 되지 않았지만 흠뻑 젖었습니다. 집에서 정비공장에 전화로 연락을 해놓고 다시 그곳으로 달려가서 견인차를 기다렸습니다.

10분 후에 견인차가 도착해서 내 차에 쇠사슬을 걸고 당기기 시작했습니다. 그런데 차가 끌려나오다가 아차 하는 순간에 앞바퀴가 한쪽으로 틀어지면서 옆에 주차해 있던 새 차를 꽝 하고 들이받고 말았습니다. 나는 그 차 주인을 만나고, 자초지종을 이야기하고, 변상 문제를 처리하느라고 또 한 시간을 소비했습니다. 그러고 나서 집으로 돌아오니 오전 시간은 다 지나가 버리고 말았습니다. 사소한 일들이 골치를 아프게 만들었습니다.

꼭 그런 식으로 시간을 낭비하는 적은 별로 없지만, 살아가노라면 그와 비슷한 상황은 이따금 만나게 됩니다. 예상치도 못했던 일들이 스케줄을 망치고, 우선순위를 뒤바꾸며, 우리 삶의 연약한 부분을 드러내어 따갑고 쓰리게 만듭니다. 잔잔하던 수면에 별안간 풍랑이 일기도 합니다. 하늘에는 험한 먹구름이 잔뜩 끼고, 우리가 탄 배는 요동치기 시작합니다.

몇 주 후 남편이 열흘간 계속된 모임 때문에 밤낮으로 집을 비우게 되자 또 압력을 느끼기 시작했습니다. 이틀 반 동안 눈보라가 치고, 콜로라도에서는 흔치 않게 기온이 영하 17, 18도로 내려갔으며, 눈이 쌓여 길거리에는 차를 몰고 다니기가 어렵게 되었습니다. 처음에는 반쯤 눈에 갇혀 지내는 것도 재미 있었지만 다섯 번째의 약속을 취소하고 나니 움직일 수가 없다는 것과 집 안에만 갇혀 외롭고 조용하게 지내야 한다는 것이 일상생활 가운데서 일어나는 큰 문제들만큼이나 압력을 높이는 계기가 되었습니다.

딸과 사위는 경제적인 어려움 가운데서 하나님의 응답을 기다리는 중이었는데, 항공사가 크리스마스 직전에 운항 계획을 변경해 버려, 그들이 우리 집에 오려면 어떻게 예약해야 할지 혼동이 생겼습니다. 가까운 친구 한 사람은 큰 실망에 **빠졌고**, 또 한 친구는 심장마비 증세로 입원을 했습니다. 갖가지 일들에 대한 비판들은 남편의 마음을 아프게 했습니다. 이런 문제들을 일일이 들자면 한이 없었습니다.

파도가 겁을 주듯이 내 뱃전을 찰싹거리며 두드릴 때 나는 출렁거리는 그 파도를 바라보기 시작했습니다. 그러자 공포가 몰려왔습니다! 이때 내 뒤에서 이런 말씀이 들려왔습니다. "캐롤, 파도를 바라보지 말아라. 돌아서서 나를 바라보아라."

이상한 일이었습니다. 파도는 누그러지지 않았지만 내게 안정을 주시는 분, 내가 의지할 수 있는 분이 배 안에 계셨던 것입니다. 내가 할 일은 그분, 곧 그리스도께 내 시선을 고정시키는 것이었습니다.

어떤 사람이 친구에게서 책을 빌려 보았는데, 가끔씩 본문에 밑줄이 쳐진 곳이 있고 그 여백에 'YBH'라는 철자가 적혀 있곤 했습니다. 그는 책을 돌려주면서 밑줄 쳐진 부분과 그 옆 여백에 적힌 YBH가 무슨 뜻이냐고 물어 보았습니다. 그 친구는 "그건 내가 밑줄 친 부분의 생각에 동의는 하지만 어떻게 실천하는지를 모르겠다는 뜻으로, '그래요. 하지만 어떻게?'(Yes, But How?)의 첫 글자를 딴 것입니다"라고 대답했다고 합니다.

파도가 아니라 그리스도께 시선을 고정시켜야 한다고 말하는 것과 그것을 실행하는 것은 별개의 문제입니다! 친구들이여, 실행하는 것이 쉽지는 않습니다!

문제를 알아냄

온종일 기분 좋게 항해를 잘하다가 마치 샌프란시스코 항구의 안개처럼 실망이 갑자기 내 마음에 몰려와 자리 잡았습니다. 남편이 오늘 하루를 잘 보냈느냐고 묻기 시작했을 때까지도 나는 무엇 때문에 실망하고 있었는지 알 수 없었습니다. 내게 귀중한 사람들에 대한 비판과 비방을 서너 가지 들었다는 것과 병든 친구가 있어서 염려가 된다는 것, 그리고 유쾌하지 못한 전화를 받았다는 것을 남편에게 이야기하고 나서, 내 결혼식 때 들러리를 섰던 어릴 적부터의 친구가 갑작스럽게 세상을 떠났다는 이야기를 하다가, 나는 온종일 나를 짓누르고 있던 문제의 근원을 깨닫게 되었습니다. 그 친구의 죽음을 알리는 편지가 내게 타격을 주어 내 연약한 배를 물마루에서 떨어뜨려 안전을 위협했던 것입니다. 잠시 동안 나는 폭풍에 시선을 고정시켰던 것입니다.

문제들이 무엇인지 하나하나 구체적으로 밝혀내는 것은 도움이 됩니다. 우리가 그 문제들을 하나님께 돌려드릴 수 있는 것도 한 번에 한 가지씩이기 때문입니다. 남편은 "당신은 대적하는 뱀을 한 마리씩 잡아야 한다"라고 했습니다. 나를 무너뜨리려고 하는 적이 무엇인가를 알아내도록 돕기 위해 남편이 늘 내 곁에 있을 수는 없습니다. 그러나 **하나님께서는 늘 내 곁에 계십니다!** 또한 항상 내 기도를 들으십니다. 내 힘만으로는 결코 내 마음을 짓누르는 압력들로부터 벗어날 수 없지만, 내가 하나님께 아뢰기만 하면 하나님께서는 그 압력들이 무엇인가를 알 수 있도록 도와주시며 그것들을 하나님께 맡길 수 있게 해주십니다. 그것들은 때때로 모호해서 알아차리거나 확인하지 못하며, 미처 그 위험을 깨닫기도 전에 배를 엎어 버리는 파도와 같이 우리를 덮칩니다.

가정생활, 스케줄, 날씨, 실행되지 않은 계획에 대한 문제들이 우리를 둘러싸고 있습니다. 그것들을 알아차리고 하나하나 분리시킬 때 나는 한 번에 한 가지씩 구체적으로 기도할 수 있으며, 그것들을 하나하나 다룰 수 있는 지혜를 주시기를 하나님께 간구할 수 있습니다.

하나님께 순종하라

나의 일상사를 무너뜨리는 어떤 압력들은 내 삶이 다만 너무 복잡하다는 사실 때문에 생기는데, 그것은 어느 면에서는 나의 결점이기도 합니다. 이제 하나님께서는 비록 내가 희생을 치러야 할지는 모르지만 압력들을 제거할 수 있는 창의적인 아이디어를 주실 수도 있으십니다. 만약 내가 더 자주 거절의 말을 할 수 있는 법을 배우고, 다른 사람들을 훈련하여 일을 하도록 맡기며, 보다 능숙하게 미리 계획을 세운다면 몇 가지 압력은 사라질 것입니다. 각 옷에 어울리는 색깔의 액세서리를 미리 정해 두는 것과 같은 작은 일들도 복장에 관한 결정을 단순화시킬 수 있습니다.

근본적으로 비결은 내가 매일 스무 가지를 해야 할 필요는 없다는 사실을 깨닫는 데 있다고 생각합니다. **단 한 가지만 하면 됩니다.** 어느 날 나는 이렇게 기도했습니다.

주님,
제게 단순화하는 법을 가르쳐 주십시오.
삶이 너무 복잡하고,
사역이 너무 커졌으며,
문제가 너무 엄청납니다.
저는 한 가지밖에 할 수 없는데

제게 맡겨진 일은
세 가지가 더 됩니다.
너무나 벅찬 걸 느낍니다. 주님.
제 삶을 단순화시켜 주십시오.

주님께서 말씀하셨습니다.
사랑하는 내 자녀여, 이 말을 기억하라.
"푯대를 향하여
하나님이 위에서 부르신
부름의 상을 위하여 좇아가노라."
나의 부름은 **단순하다**.
곧 순종하라는 것이다.

스무 가지나 되는 요구가 나를 분산시키고, 내 지체를 바람에 흩어지게 하는 것처럼 보일 때, 나는 이 사실을 기억할 필요가 있습니다. 나는 오늘 백 가지 일을 다 할 필요가 없습니다. 단 한 가지만 하면 됩니다. 그 한 가지란 하나님께서 매순간 내게 하라고 말씀하시는 대로 따르는 것입니다. "주님, 전 오늘 이 일들을 다 하려고 계획했습니다. 이것들을 다 이루도록 저를 축복해 주십시오"라고 말하는 대신, "주님, 주님께서 오늘 저를 위해 세우신 계획은 무엇입니까? 주님의 인도하심을 민감하게 알아차릴 수 있게 해주시고, 다만 주님의 계획을 한 가지 한 가지 성취하도록 도와주십시오"라고 기도해야 합니다.

하나님과 교제하라

매일 두 시간씩 하나님과 교제를 나누는 훌륭한 성도에 대한 이야기를 들었습니다. 그는 "매우 바쁜 날에는 세 시간씩을 하나님과 교제합니다!"라고 말했습니다. 하나님과 교제하는 귀중한 시간을 충분히 가질 필요성이 더욱 커지는 것은 바로 우리가 가장 큰 압력에 부딪힐 때, 스케줄이 가장 **빡빡할** 때, 끊임없는 방해가 계속될 때인 것입니다. 주님께서는 약속하셨습니다. "아무것도 염려하지 말고 오직 모든 일에 기도와 간구로 너희 구할 것을 감사함으로 하나님께 아뢰라. 그리하면 모든 지각에 뛰어난 하나님의 평강이 그리스도 예수 안에서 너희 마음과 생각을 지키시리라"(빌립보서 4:6-7).

압력의 파도가 철썩거리며 내 작은 배 안으로 들어와 배가 가라앉을 위험에 처할 때, 나는 다음과 같이 해야 합니다.

1. 압력이 무엇인지 확인하고 그것에 대해 구체적으로 기도하며, 내가 어떤 조치를 취해야 한다면 그렇게 할 수 있는 지혜를 달라고 하나님께 기도하고, 그 문제를 하나님께 맡길 것.

2. 내 삶을 단순화시키는 창의적인 방법들을 가르쳐 주시기를 하나님께 기도하고, 단순화의 비결은 내게 주어진 나날을 하나님께 돌려드리고 그분이 나를 인도하시도록 맡기는 것임을 항

상 기억할 것.

3. 하나님만이 모든 것을 다스리신다는 사실을 기억하고 모든 순간순간을 하나님과 함께 보낼 것. 하나님께서는 나를 주님의 형상으로 변화시키기 위하여 내 삶에 닥치는 모든 압력을 사용하실 수 있습니다. 그분은 원하시면 "잠잠하라! 고요하라!" 하고 파도를 명하실 수 있습니다. 그렇게 하지 않으실 때에는 흔들리는 그 배 안에서 나와 함께하시며, 요동하는 내 배의 선장이 되어 주십니다!

적용을 위한 성경공부

1. 빌립보서 4:5-8을 풀어서 쓰십시오.

이 구절에서 문제를 다루는 데 활용할 수 있는 원리들을 있는 대로 다 적으십시오.

2. 마가복음 4:35-41을 읽으십시오. 40절을 묵상하십시오.

삶 가운데서 문제가 있으면 몇 가지만 적으십시오.

그 문제들 각각에 대한 당신의 반응은 지금까지 어떠하였습니까?

이러한 반응들은 그리스도께 대한 당신의 믿음에 대하여 무엇을 말해 줍니까?

3. 당신이 주님께 맡겨 버리고 싶은 몇 가지 문제에 대한 기도 제목을 적어 보십시오.

당신의 삶을 단순화시키는 창의적인 아이디어를 달라고 기도하십시오.

2
사 람

"**저,** 자매님을 잠깐만 뵈었으면 해요." 수양회 중이었는데 현관에서 마주친 한 젊은 부인이 나를 스쳐 지나가다 말고 되돌아서서 말을 붙였습니다. 나는 그가 상담을 받고 싶은 문제가 있거나 물어 볼 게 있어서 그러는 줄로 생각하고 걸음을 멈추고 곁으로 한 발 다가갔습니다.

그는 내 옆으로 가까이 와서 급한 목소리로 "자매님은 눈썹을 지우셔야겠어요!"라고 말하는 것이었습니다.

전혀 예상치 못한 말에 나는 당황했습니다. '그리지도 않은 눈썹을 어떻게 지운담?' 그는 급히 말을 덧붙였습니다. "자매님 눈썹 색깔이 얼굴색과 어울리지 않아요. 너무 진하게 칠하셨군요"라고 했습니다. 나는 그가 왜 그렇게 말하는가를 금방 알아차렸습니다. 내 눈썹과 머리는 원래 짙은 색깔이었습니다. 그런데 머리는 햇볕에 쪼이고 또 최근에 파마를 했더니 원래의 붉은

갈색이 좀 옅어져 버렸습니다. 그는 내가 머리 색깔과는 어울리지도 않는 짙은 색깔로 눈썹 화장을 한 것으로 생각했겠지만, 사실은 눈썹은 자연 그대로 있는데 머리털 색깔이 변했습니다.

그는 자기가 잘못 본 것을 깨닫고 금방 사과했고, 나는 그것 때문에 마음이 상하지는 않았다고 하면서 안심시켜 주었습니다. 그가 다소 무뚝뚝하게 접근해 오기는 했지만, 오해를 살지도 모를 위험을 무릅쓰고 나를 도와주려고 그렇게 한 적극적인 태도 자체는 존경할 만했습니다!

하지만 그날은 하루 종일 눈썹에 무척 신경이 쓰였습니다. 거울이 있는 곳을 지날 때는 꼭 한 번씩 비춰 보면서 눈썹 색깔이 왜 이럴까 생각하면서 지나가게 되었습니다. 어울리지 않는 눈썹과 머리 색깔 때문에 지금까지와는 전혀 다른 화장을 빨리 해야겠다는 결론을 내리게 되었습니다.

작은 일들이 얼마나 우리의 주의를 흩뜨리고 우리를 괴롭힐 수 있는지!

우리의 삶에서 스트레스는 거의 모든 경우 사람들과의 관계에서 비롯된다는 사실을 알고 계시는지요? 누군가가 "사람들만 아니라면 내겐 아무 문제가 없을 것이다"라고 말하는 것을 들은 적이 있습니다. 나는 속으로 고소를 금치 못하면서도 동의할 수밖에 없었습니다. 그러나 사람들의 어떤 점들이 비바람을 불러들여 나의 배를 요동케 만드는 원인이 된다는 말입니까? 이 질문에 대하여는 "모든 점들이 다 그렇다"라고 대답할지 모르나, 구체적으로 생각해 봅시다.

스트레스는 사람들의 비판에서 비롯되는 경우가 많습니다. 나는 많은 것들로 책망을 받아 왔습니다. 이를테면 너무 큰 소리로 웃는다, 성경공부를 너무 단도직입적으로 이끌어 간다, 너무 부주의한 태도로 듣는다, 세차를 대충대충 해치운다는 책망들이 그것입니다. 나를 책망하는 사람들 중에는 나를 사랑하고 진정으로 도와주고 싶어 하는 사람들도 있습니다. 그들은 대인 관계가 나빠질지도 모를 위험을 무릅쓰고 기꺼이 나를 책망해 주었습니다. 그러나 심술이나 쓴 뿌리나 화가 나서 책망하는 사람들도 있었습니다. 어떤 경우이든 책망 자체는 마음을 상하게 합니다.

책망에 대한 나의 생각 자체가 100% 잘못된 때도 가끔 있습니다. 남편과 함께 차를 닦을 때, 나로서는 최선을 다해 닦고 있는데도 남편이 내게 옆면을 깨끗이 닦지 않았다고 하면, 나는 "제가 한 것이 마음에 안 들면 당신 혼자서 하세요"라고 하면서 손을 놓고 방으로 들어가 버립니다. 후에 우리 부부는 아마도 세차는 함께 할 일이 아닌 것 같다고 말하면서 서로 웃고 맙니다. 남편이 완전주의자라면 나는 속성주의자라고 할 수 있기 때문입니다. 하지만 내 태도가 바람직하게 되려면 아직도 멀었습니다.

나는 어떤 비판을 받든지 그것을 주님께로 가져감으로써 그것들이 근거가 있는가 없는가를 깨닫는 데 도움을 받아야 합니다. 만약 그 비판이 옳은 것이라면 누가 했던 것이든, 어떤 태도로 했던 것이든, 그것을 받아들여야 합니다. 사실무근인 비판이라면 하나님께서 나로 하여금 그것을 잊을 수 있게 해주실 것이며, 그 비판을 한 사람을 용서할 수 있게 해주실 것입니다.

사람들은 당신이나 당신이 사랑하는 어느 누구에게 영향을 주는 나쁜 결정들을 내림으로써 문제를 일으킬 수도 있습니다. 예를 들면, 지혜롭지 못한 결정을 잘 내리는 어떤 사람이 당신 남편의 윗자리로 승진이 되어 남편이 맡은 일을 감당하는 데 지장을 주는 경우가 있습니다. 혹은 회사가 남편을 타지로 전보 발령을 내려 가족들이 함께 이사를 하지 않을 수 없게 하고, 그 이사 때문에 큰 곤란을 받게 되는 경우도 있습니다. 담임선생님이 당신의 자녀를 낙제시키기로 결정하여 아이가 자신감을 잃어버리게 되는 경우도 있습니다. 남편이 당신은 원치 않는 차를 사려고 하는 수도 있습니다. 가전제품을 샀는데 고장이 너무 자주 나서 서비스 센터에 맡겨 놓고 살다시피 해야 되는 때도 있습니다. 세를 얻은 집이 비만 오면 새는 경우도 좋은 예입니다.

사람들의 나쁜 태도는 내가 사랑하는 사람들과 나에게 영향을 미칩니다. 시카고의 어느 실내 주차장에서 입구가 두 줄로 된 줄로 알고 내 차를 거기에 댔다가 잘 차려 입은 어느 부인으로부터 모욕을 받은 일은 잊히지도 않습니다. 그는 차에서 내리더니 우리가 평생 들어보지도 못한, 차마 입에도 담지 못할 상스러운 욕을 퍼부어 대는 것이었습니다. 아마도 우리가 자기를 깔아

죽이려 한 것으로 생각했던 모양이었습니다. 사과를 했지만 들은 척도 않고 우리가 그 주차장을 빠져나올 때까지도 우리 등 뒤에다 대고 고래고래 고함을 지르며 욕을 퍼붓고 있었습니다. 마음을 가라앉히고 평정을 되찾아 정상적인 일과로 돌아가기까지에는 두 시간이 족히 걸렸습니다. 나는 그의 추한 태도에 영향을 받았던 것입니다. 이런 일들이 끊임없이 우리 마음을 상하게 하도록 내버려 두고 있지는 않습니까?

내 삶에 거칠게 부딪혀 오는 파도를 일으키는 네 번째 영역은 내게 지워진 다른 사람들의 문제입니다. 기도를 부탁하거나 관심을 가져 달라는 의미로, 혹은 내가 특별한 필요를 채워 줄 수 있기 때문에, 내게 문제점들을 나누는 것을 나는 감사하게 생각하고 있습니다. 그러나 날이 가고 달이 가도 똑같은 문제들만 가지고 오는 데는 질립니다. 그런 문제들에 대해 조언을 부탁받고, 감정적인 어려움까지 겪어 가며 해결해 주려고 해도 부탁한 사람들이 들으려고 하지 않을 때는 정말 맥이 빠집니다. 그들은 이미 그 문제에 대하여 나름대로 어떤 일을 하겠다고 작정하고 와서 다만 동의를 구하는 식으로 조언을 청하고 있습니다.

다섯 번째 영역은 사람들이 갖가지 방법으로 시간, 돈 또는 다른 도움을 요청해 오는 것입니다. 나는 그런 각각의 요구들이 하나님께로서 온 것인지 아니면 내가 거절해야 할 인간적인 것인지를 분별하기 위해 늘 하나님께 기도해 봐야 합니다.

마지막으로 내 삶에는 '막연한 제삼자들'이 있는데, 이 막연한 뭇사람들은 나를 실패로 이끌기 잘하고 실망을 잘 주는 존재들입니다. 살다 보면 이름도 모르고 얼굴도 볼 수 없는 이런 사람들이 우리를 슬프게 만들고 좌절에 빠뜨리는 일이 부지기수로 있습니다. 이런 말이 가끔씩 들려옵니다. "당신이 일을 그런 식으로 처리하는 걸 사람들은 좋아하지 않습니다", "사람들은 그 모임을 싫어합니다", "그 부서를 뜯어 고쳐야 한다고들 하던데요", "교회가 불친절하다고들 합니다." 만약 "누구 말이요? 구체적으로 누가 그런 말을 하는지 말해 보시오"라고 하면 대답은 그만 말꼬리를 내리고 막연해집니다.

삭개오의 삶에서 그 제삼자들에 대한 이야기를 읽었을 때, 나는 싱긋 웃지 않을 수 없었습니다. 누가복음 18:24-25을 보면, 그리스도께서는 부자가 하나님 나라에 들어가기가 얼마나 어려운가에 대해 말씀하셨습니다. 바로 다음 장에서 주님께서는 큰 부자 중의 한 사람을 구원하셨습니다. 삭개오는 예수님 보기를 간절히 원하는 사람이었는데 키가 작았습니다. 그는 군중들에 막혀 예수님을 볼 수 없어 뽕나무에 올라갔습니다(누가복음 19장 참조).

삭개오는 나무에 올라간 자신의 모습이 사람들의 눈에 띄면 자신이 얼마나 우습게 보일까, 얼마나 얕보일까를 과연 생각해 보았을까요? 아마 아닐 것입니다. 그런데 예수님께서는 바로 그 앞에 멈추어 서서 나무에 올라가 있는 이 부유한 세리에게로 군중들의 시선을 이끄셨던 것입니다! 삭개오는 자신의 목표에 너무나 열심이 있어서 아마 자기 옷이 나뭇가지에 걸려 찢어지거나 나무에서 떨어져 다리가 부러지면 어떻게 하나 하는 염려는 조금도 하지 않았던 것 같습니다. 혹 잠시 그런 생각을 했다고 하더라도 그런 염려 때문에 나무에 올라가려던 생각을 포기하지는 않았을 것이라고 믿습니다. 삭개오는 예수님을 눈으로 봐야만 했습니다. 예수님께서 그의 집에 유하여야 하겠다고 말씀하셨을 때, 삭개오는 기뻐하며 영접하였다고 기록되어 있습니다.

그것을 본 뭇사람이 수군거리며 비방을 했습니다(누가복음 19:7). 그러나 삭개오는 그 사람들의 말에 신경을 쓰고 괴로워하지는 않았습니다. 왜냐하면 그의 시선이 주님께 고정되어 있었기 때문입니다. 그는 예수님을 바라봄으로써 뭇사람들의 비방이 자기의 행동을 결정짓게 만드는 것을 허락지 않았습니다. 예수님께서 죄인의 집에 유하러 들어가신다고 해서 비방하는 군중들은 예수님을 진심으로 집에 즐거이 영접해 들이려는 삭개오의 마음에 아무 영향도 주지 못했습니다.

이 사건을 통하여 배울 것이 있습니다. 우리는 뭇사람들의 비방에 어떻게 대처해야 하겠습니까? 단순히 그리스도만을 바라보고 그들의 비방을 무시해야 합니다.

만일 우리의 삶 가운데 뭇사람들의 비방을 무시해서는 안 되는 경우가 생긴다면 — 그런 경우가 있을 가능성은 있습니다 — 그리스도께서 그것을 우리에게 미리 가르쳐 주실 것입니다.

그러나 많은 경우 주님께서는 무리들의 비방에 대해서는 무시하고 꾸짖으시고, 개개인들을 향해서는 민감하고 사려 깊은 태도를 보이셨습니다.

사람들 때문에 문제가 되고, 다툼 때문에 괴로움을 받게 되며, 다른 사람들의 요구에 파묻혀 눌릴 정도가 될 때, 우리는 무엇을 할 수 있을까요? 비판, 좋지 못한 결정, 추한 태도가 파도처럼 끊임없이 우리에게 밀어닥칠 때 과연 우리는 무엇을 할 수 있을까요?

사람들로 인한 곤란의 파도를 타고 항해하기 위해서는 문제의 원인이 되는 바로 그 사람을 사랑해야 합니다. 내가 지금 사랑하고 있는 것보다 더 깊은 사랑으로 그들을 사랑해야 하는 것입니다.

어느 날 나는 이런 기도를 했습니다. "주님, 전 어떻게 해야 합니까? 요구만 할 줄 알고, 이기적이고, 언제나 받으려고만 하는 사람에게 도대체 어떻게 사랑의 마음을 가질 수 있습니까? 어떻게 하나님의 모든 자녀들에게 다 진실한 사랑을 느낄 수 있겠습니까? 그리고 그들에게는 가장 정이 가지 않는 부류에 속해 있을지도 모르는 내게 그들은 또 어떻게 사랑을 느낄 수 있겠습니까?"

하나님께서는 "네가 그걸 묻다니 재미있구나!"라고 말씀하시는 것 같았습니다. 기도를 끝내고 베드로전서 1장을 읽고 있는데 22절 말씀이 갑자기 그 페이지에서 스르르 뻗어 나와 내 멱살을 잡고 나를 흔들며 갑자기 주의를 끄는 것 같은 생각이 들었습니다. "너희가 진리를 순종함으로 너희 영혼을 깨끗하게 하여 거짓이 없이 형제를 사랑하기에 이르렀으니 마음으로 뜨겁게 피차 사랑하라."

이 세상에는 나를 잘못된 길로 이끄는 사람들도 있습니다! 나는 그들을 싫어합니다. 그러나 나는 그들을 사랑해야 합니다. (다행히도 그런 사람들이 많지는 않습니다.) 베드로전서 1:22에는 해결책이 나와 있습니다. 그것도 매우 실제적인 해결책입니다. 우리가 하나님의 말씀에 순종한다면 우리는 영혼을 깨끗하게 하여 그리스도인 형제 자매들을 향해, 꾸민 사랑이 아닌 진정한 사랑을 느낄 수 있습니다. 그 사랑은 속으로 다짐만 하는 그런 사랑이 아닙니다. 그것이 바로 비결입니다! 열쇠는 순종에 있습니다.

하나님께서 "서로 인자하게 하라"(에베소서 4:32) 즉 "친절히 대하라" 하고 말씀하실 때, 나는 사랑의 감정을 느끼지 못한다 하더라도 친절한 행동을 할 수 있습니다. 그러나 그것을 통하여 진정한 사랑의 과정은 시작되는 것입니다. 뿐만 아니라 같은 구절에서 하나님께서는 "불쌍히 여기라" 즉 "이해하라" 하고 말씀하십니다. 그것은 좀 더 어렵지 않습니까? 나는 감정을 느끼지 못한다 하더라도 친절한 행동은 할 수 있습니다. 그러나 이제는 마음으로까지 이해해야 합니다. 그래서 나는 내 안에 그리스도의 마음을 주셔서 이해할 수 있게 해달라고 기도해야 합니다. 하나님께서는 기도에 응답해 주겠다고 약속하셨기 때문에, 그 약속대로 나에게 이해하는 마음을 주실 것입니다. 그렇긴 하지만 내 속에는 그 사람에 대한 사랑의 마음은 여전히 없을 수도 있습니다. 베드로전서 1:22에서 내가 배운 것은 만약 진리에 순종한다면, 내가 진리에 순종하고 있는 동안 만이라도 진정한 사랑을 느낄 수 있을 것이요, 그만큼은 영혼이 깨끗해질 것이라는 말입니다. 얼마나 놀라운 약속입니까! 하나님께서 내게 보여 주신 말씀에 순종하는 단계를 밟을 때 감정은 따라오게 될 것입니다.

하지만 하나님께서는 여기서 그만두지 않으십니다. 하나님께서는 내가 거짓이 없는 사랑을 느끼고 있다면, 해야 할 일이 한 가지 더 있다고 말씀하십니다. 하나님께 순종하라는 것입니다! 또한 필히 순종해야 할 것은 더욱 사랑하라는 말씀입니다! 그것은 더욱 깊어져 가는 사랑의 순환 과정인 것입니다. 또한 나는 말씀이 역사한다는 사실을 발견하고 있습니다.

적용을 위한 성경공부

1. 최근에 사람들이 당신에게 문젯거리가 되었던 일이 있으면 두 가지만 들어보십시오.

이 상황 가운데서 당신은 어떤 태도를 취했습니까?

2. 하나님께 듣고자 하는 마음을 가지고 골로새서 3장을 읽으십시오. 읽다가 특별히 당신의 마음에 들어오는 구절이 있으면 거기서 멈추고 그 구절을 묵상하면서 하나님께서 당신에게 무엇을 말씀하고자 하시는지를 생각해 보십시오. 그 생각을 적으십시오. 거기서 얻은 교훈을 당신의 삶에 적용할 수 있는 지혜를 달라고 기도하십시오. 하나님께서 그것에 관하여 당신의 마음 가운데 말씀하시는 것을 적으십시오.

하나님께서 당신에게 말씀하신 것은 당신의 삶에 문제가 되는 사람들에 대한 당신의 태도와 행동에 어떻게 연관되어 있습니까?

3
우선순위

나는 겨우 잠이 깨어 졸려서 자꾸 감기는 눈을 비비며 손자 녀석의 방으로 건너갔습니다. 슬리퍼를 끌고 찬 마루 바닥을 터덜터덜 걸어가며 혼자 속으로 불평을 했습니다. '도대체 이 녀석은 새벽 6시만 지나면 왜 꼭 깨어 우는가? 좀 더 자지 않고….' 내 속생각은 그랬지만 태어난 지 8개월밖에 안 된 에릭은 그 얼어붙은 듯이 추운 겨울 아침에 좀 더 자주었으면 하고 바라는 내 마음을 이해하는 것 같지 않았습니다. 에릭은 아기 침대 안에 누워 기저귀를 갈아 달라는 것과 젖을 달라는 뜻으로 울어 대고 있었습니다.

　에릭이 내 품에 안겨 젖병을 입에 물고 우유를 맛있게 먹으며 행복해하는 모습을 보면서, 비로소 나는 잠이 완전히 깨어 녀석이 얼마나 소중한 존재인가를 생각하며, 딸 내외가 일 때문에 아이를 내게 맡기고 간 그 한 주 동안 아이를 돌볼 수 있는 기쁨을 주신 것을 하나님께 감사했습니다.

나는 크리스마스 직후부터 일주일간 엄마 노릇을 하면서 오랜 세월 동안 잊고 지내 왔던 몇 가지 일을 새롭게 겪게 되었습니다.

자그마한 손이 끊임없이 내 성경에 뻗쳐올 때면 경건의 시간을 갖기가 얼마나 어려웠는지, 위험한 일이 생길까봐 눈을 아이에게서 떼지 않은 채로 경건의 시간에 집중하기는 또 얼마나 어려웠는지 모릅니다. 누가복음을 읽는데 같은 구절을 읽고 또 읽고, 스무 번도 넘게 읽었는데도 나중에 가서는 내가 뭘 읽었는지 도무지 생각이 나지 않았습니다.

나는 또한 아이가 낮잠을 자는 동안 얼마나 많은 일을 해야 할지도 알았습니다. 아이가 깨서 기어 다니는 동안에는 할 수가 없는 일들이었습니다. 아이가 낮잠 자는 시간에 하나님과 교제를 갖는 대신 식료품을 사러 가기도 하고(단, 아이가 우는 소리를 들어 줄 만한 사람이 집안에 있을 경우에만), 다리미질을 하기도 하며(녀석이 깨어 있으면 만지려고 덤비니까), 그렇지 않으면 목욕을 하기도 했습니다.

영적으로 볼 때 그 주간은 망쳐 버렸다는 생각까지 들었습니다. 나는 자신의 추한 모습을 발견하기도 했습니다.

나는 삶 가운데서 특별한 시련 같은 것은 잘 이겨 내곤 했습니다. 그러나 크리스마스가 지난 후 그 며칠간 점차적으로 속에서 짜증이 났습니다. 나는 사랑도 부족했고, 그저 이를 꽉 물고 어려움을 '견뎌 내기'는 했지만 승리하는 삶을 살았다고는 할 수 없었습니다.

나는 자신이 싫어졌고, 내가 느끼는 것이 싫어졌고, 그 문제에 연관된 사람들에 대한 나의 이기적이고 인자하지 못한 생각들이 싫어졌습니다. 하지만 아이가 제 어미에게 되돌아갈 때까지도 나의 불유쾌한 태도가 하나님과의 교제 부족과 연관이 있다는 사실을 깨닫지 못했습니다. 그 아이가 집으로 돌아간 후에야 나는 자신의 밉살스러웠던 성벽의 원인이 어디에 있었던가를 가르쳐 달라고 하나님께 기도했습니다. 그때에야 어떤 일이 있었던가가 밝히 생각났습니다. 우선순위가 온통 뒤죽박죽이 되도록 버려두었기 때문에 자연히 내게는 사랑 없는 태도가 분명하게 나타났던 것이었습니다.

오래 전에 들은 멋진 예화가 하나 생각납니다. 우리의 옛 성품과 새 성품을 마차를 정반대 방향으로 끌고 있는 검은 말과 흰 말로 비유한 것이었습니다. (그 마차는 바로 나였습니다!) 그때 그 예화를 설명하신 선생님은 어느 말을 더 잘 먹이느냐에 따라 마차의 방향이 결정된다고 말씀해 주셨습니다. 하나님과의 질 높은 교제 시간으로 새 성품을 '먹이지' 못하면 옛 성품인 검은 말이 나를 파멸의 길로 끌고 갑니다.

에릭과 함께 지냈던 그 주간 내내 이해하려고 애쓰며 읽었던 누가복음 17:1-10 말씀을 아이가 간 후에 다시 읽고서는 소리 높여 웃었습니다! 하나님께서는 내게 무언가를 말씀해 주려고 하셨지만 나는 선입견을 가지고 들으려 했던 것이었습니다. 내가 깨달으려고 애쓰며 읽었던 것은 바로 이 말씀이었습니다.

예수께서 제자들에게 이르시되, "실족케 하는 것이 없을 수는 없으나 있게 하는 자에게는 화로다. 저가 이 작은 자 중에 하나를 실족케 할진대 차라리 연자 맷돌을 그 목에 매이우고 바다에 던지우는 것이 나으리라. 너희는 스스로 조심하라. 만일 네 형제가 죄를 범하거든 경계하고 회개하거든 용서하라. 만일 하루 일곱 번이라도 네게 죄를 얻고 일곱 번 네게 돌아와 '내가 회개하노라' 하거든 너는 용서하라" 하시더라. 사도들이 주께 여짜오되 "우리에게 믿음을 더하소서" 하니, 주께서 가라사대 "너희에게 겨자 씨 한 알만한 믿음이 있었더면 이 뽕나무더러 '뿌리가 뽑혀 바다에 심기우라' 하였을 것이요, 그것이 너희에게 순종하였으리라. 너희 중에 뉘게 밭을 갈거나 양을 치거나 하는 종이 있어 밭에서 돌아오면 저더러 '곧 와 앉아서 먹으라' 할 자가 있느냐? 도리어 저더러 '내 먹을 것을 예비하고 띠를 띠고 나의 먹고 마시는 동안에 수종들고 너는 그 후에 먹고 마시라' 하지 않겠느냐? 명한 대로 하였다고 종에게 사례하겠느냐? 이와 같이 너희도 명령받은 것을 다 행한 후에 이르기를 '우리는 무익한 종이라. 우리의 하여야 할 일을 한 것뿐이라' 할지니라."

이것은 이해하기 쉬운 구절은 아닙니다. 그렇기 때문에 스무 번도 넘게 읽었으면서도 이해를 못했던 것이라고 변명할 수도 있을 것입니다. 그러나 이것을 집중해서 읽으면서 이해를 할 수 있도록 해주시기를 기도했을 때, 하나님께서는 내게 몇 가지 생각을 주셨습니다.

그리스도께서는, 사람들을 실족케 하지 말며, 죄를 범한 사람이 있으면 그를 경책하고, 회개한다면 하루에 일곱 번이라도 용서해 줄 준비를 하고 있으라는 몇 가지 어려운 가르침을 주셨습니다.

제자들은 그리스도께 그 책임을 전가시키고 자신들은 지지 않으려 했습니다. 하루에 일곱 번이라도 용서하라는 가르침에 대해 제자들이 "우리에게 믿음을 더하소서!"라는 반응을 보인 것은 곧 그 사실을 나타냅니다.

제자들이 믿음을 더해 달라고 요청했을 때, 주님께서는 이렇게 대답하셨습니다. "너희에게 겨자 씨 한 알만한 믿음이 있었더면 이 뽕나무더러 '뿌리가 뽑혀 바다에 심기우라' 하였을 것이요, 그것이 너희에게 순종하였으리라."

이 구절의 주제는 **믿음**이 아니라 **순종**입니다. 그리스도께서는 계속해서 종이 자기의 맡은 일을 다하였다고 해서 그 자리에서 보상을 받지는 않는다고 말씀하셨습니다. 해야 할 일을 다하는 것이 당연하기 때문입니다. 보상은 그 후에 오게 되어 있습니다. 그가 현재 해야 할 일은 순종인 것입니다. "이와 같이 너희도 명령받은 것을 다 행한 후에 이르기를, '우리는 무익한 종이라. 우리의 하여야 할 일을 한 것뿐이라' 할지니라"(누가복음 17:10).

이 구절을 나는 이렇게 풀어 써 보았습니다. "친구들이여, 너희는 용서를 해주어야 한다. 용서해 주기 위해서는 믿음이 필요하다고 말을 돌리지 말라. 너희에게는 필요한 믿음이 다 있다. 너희는 단순히 그 말씀대로 실행만 하면 된다! 그 밖의 보상은 바라지 말고 그렇게 하라. 너희의 할 일은 다른 사람을 용서하는 것을 비롯해서 모든 영역에서 내게 순종하는 것이다. 너희가 마땅히 해야 할 일을 다했다고 해서 자만하지는 말라."

재미있었던 두 주간의 크리스마스 휴가와 아이를 돌보느라고 애썼던 한 주간을 되돌아볼 때 나는 주님께 칭찬받기를 기대했던 것 같습니다. 말하자면 7절에 나온 대로 "와 앉아서 먹으라" 하고 말씀하시기를 기대했던 것 같습니다. 다시 말하면 나는 자신이 마땅히 해야 할 일을 해놓고도 하나님으로부터 보상과 칭찬을 받고 싶어 했다는 말입니다. 마음속으로 하나님과 나눈 대화는 이런 식이었습니다.

'일이 참 많지 않았습니까, 주님? 전 주어진 일을 거의 전부 주님께 하듯 전심으로 했습니다. 안 그렇습니까? 그렇다면 전 감사장이라도 받을 만하지 않습니까? 쉴 시간이라도 좀 주셔야지요? 적어도 제게 수고했다는 말씀 한 마디 정도는 하실 수 있지 않겠습니까?'

그러나 나는 스스로 이렇게 대답할 수밖에 없었습니다. '아닙니다, 주님. 전 무엇보다도 먼저 주님께서 말씀하신 것을 그대로 행하지도 못했습니다. 전 매일 주님과 깊은 교제를 갖지도 못했습니다. 저는 우선순위를 올바르게 지키지도 못했습니다. 저는 속으로 짜증을 냈고 겉으로도 찡그리며 지냈습니다.'

나는 일을 거꾸로 했던 것입니다! 그 모든 시간이 다 하나님께서 베풀어 주신 하나의 커다란 보너스였습니다. 어느 모로 보나 즐거운 크리스마스였습니다. 하지만 내가 우선순위를 계속 유지하고 주어진 상황에 썩 좋은 반응을 나타냈다고 하더라도 그렇게 한 것은 다만 하나님께서 내게 명하신 대로 행한 것이었을 뿐입니다. 나는 성경에 나오는 그 옛 종과 같이 순종하는 태도를 가졌어야 했습니다. "우리는 무익한 종이라. 우리의 하여야 할 일을 한 것뿐이라"(누가복음 17:10).

나는 기도했습니다. "오, 주님. 주님께서 '순종하라'고 저에게 주신 이 책임을 '저의 믿음을 더하소서'라고 하면서 주님께 전가시키지 않게 도와주십시오."

만약 나의 우선순위가 올바르게 세워지지 않는다면 주님을 섬기는 과정에서 주님의 임재하심을 느끼지 못하게 될 수도 있다는 사실을 알게 되었습니다. 주님께서는 계속 나의 삶 가운데서 무엇보다도 높은 위치를 차지하고 계셔야 합니다.

어느 수양회에서 있었던 일인데, 저술가이자 타고난 교사인 하워드 헨드릭스 박사는 내가 속한 그룹에서 우리의 우선순위에 관하여 세 가지 질문을 던졌습니다.

1. 제자란 어떤 사람인가?
답: 하나님의 사람이 되어 가는 과정에 있는 사람.
2. 하나님의 사람이란 어떤 사람인가?
답: 예수 그리스도를 닮아 가는 과정에 있는 사람.
3. 어떻게 하면 예수 그리스도를 더 닮아 갈 수 있는가?
답: 생각을 복음서에 푹 젖어 들게 하여 주님의 삶을 잘 앎으로써! 주님의 삶을 연구하는 일에 시간을 들여서 마침내는 주님께서 나의 삶을 주장하게 되도록 함으로써.

나는 주님께서 나의 삶을 주장하게 되기를 간절히 원하고 있습니다. 당신도 그렇지 않습니까? 헨드릭스 박사는 그런 삶이 이루어지게 하려면 1년에 적어도 한두 달은 복음서를 공부하는 일에 들여야 한다고 제안했습니다.

주님께서 나를 주장하시게 하려면 매일 주님과 교제하는 시간을 가져야 합니다. 이 시점에서 우리는 자기 자신에게 몇 가지 어려운 질문을 하고 거기에 정직하게 대답해야 합니다. 우리는 그 시간을 위해 기꺼이 대가를 지불하려고 하는가? 그 시간에는 무엇을 할 것인가?

목사의 사모이며 저술가인 앤 오트런드는 이런 이야기를 했습니다.

어느 학교 선생님에게 열두 살 먹은 딸이 있었습니다. 아내가 세상을 떠나자 그는 딸에게 어머니 역할까지 해주어야 했습니다. 그러나 학교 일 때문에 딸에게 시간을 충분히 내주지 못하는 게 문제였고, 그것 때문에 늘 마음이 아팠습니다. 그래서 그는 어서 크리스마스 휴가가 오기를 손꼽아 기다렸습니다. 크리스마스 휴가 때는 딸과 함께 즐거운 시간을 보낼 수 있으리라 생각하며 기다렸습니다.

그러나 막상 휴가가 시작된 첫날 딸아이는 자기 방에 들어가 문을 잠그고 혼자 지내면서 식사 시간 이외에는 밖에 나오지 않았습니다. 다음 날도 그랬고, 또 다음 날도 그랬습니다. 크리스마스가 될 때까지 계속 그랬습니다. 그리하여 아버지는 하루하루를 외롭게 보낼 수밖에 없었습니다.

마침내 크리스마스 아침이 되자 크리스마스트리에는 선물이 매달려 있었습니다. 뜨개질로 짠 한 켤레의 양말이었습니다.

딸아이는 두 눈을 반짝이면서 말했습니다. "아빠, 크리스마스가 되기 전까지 이걸 다 짜야 한다고 얼마나 마음 졸였는지 몰라요. 제가 방문을 잠그고 지금까지 했던 건 바로 이 뜨개질이었어요. 이젠 다 짰어요. 아빠 양말이에요! 좋으세요?"

"암, 좋고말고. 얘야, 정말 예쁘게도 짰구나. 고맙다." 아빠는 딸아이에게 눈물을 보이지 않으려고 딸을 덥석 껴안았습니다.

하지만 그 마음으로는 이렇게 말하고 있었습니다. '아, 이 철없는 아이야. 양말은 시장에 가서 사면 되지 않니? 난 양말 같은 건 원하지도 않아. 너와 함께 시간을 보내고 싶었단 말이다! 난 너와 함께 지내며 너의 사랑을 받고 너의 관심을 사고 싶었던 거야. 난 너와 함께 얘기를 하고 싶었고 이것저것 함께 하고 싶었던 게 많았단다!"

만약 하나님과 개인적으로 동행하는 일이 아니라 거창한 사역을 목표로 하고 있다면, 우리는 결코 하나님을 첫자리에 모실 수 없습니다. 또한 우리는 그분의 마음을 아프게 할 것입니다. 지난 삶을 돌이켜 보면 하나님께서는 나의 사역을 모두 중단시키신 때도 있었습니다. 나는 계속 일을 추진하는 형의 사람이기 때문에 그런 것은 마음에 큰 어려움이 됩니다. 그러나 그런 일을 통해서 하나님께서는 그분과의 **교제**를 위하여 나를 창조하셨다는 사실을 상기시켜 주셨습니다. 하나님께서는 나를 원하시지, 내가 할 수 있는 일을 원하시는 것이 아닙니다. 하나님께서는 있는 그대로의 나를 원하시지, 바삐 움직이는 나를 원하시지 않습니다. 내가 하나님 안에 깊이 거하지 않는다면, 즉 하나님의 무한하신 사랑 가운데 깊이 뿌리 내리고 있지 않다면, 어떤 일을 해도 그것은 하나님께 효과적이 될 수 없습니다(에베소서 3:14-19 참조).

주님께 나의 삶을 맡기기를 원하고 그 길을 찾으면서 나는 이렇게 자문해 봅니다. '그래. 난 기꺼이 시간을 내겠다. 하지만 그 시간이 어디에 있는가?' 온통 시간에 쫓기고 일에 밀려서 완전히 소진되어 버리는 날들이 있습니다.

어느 날 나는 이런 글을 써보았습니다.

살아 나가노라면
작고 보잘것없고 하찮은 요구들이
내 삶을 좌우해 버린다.
난 통제권을 다 잃어버린 것 같다.
내가 삶을 주장하는 게 아니라,
삶이 날 주장한다.

난 그게 싫다.

하나님께서 말씀하셨다.
"얘야, 잠깐 기다려라.
네 시간을 내게 다오.
방해와 요구들은 내가 다스린다.
그렇다. 아주 하찮게 보이는 작은 일들까지도.
실제로는 하찮은 것들이 없다.

나는 너의 생애의 주인일 뿐만 아니라

너의 순간순간의 주인이기도 하다.
나를 의뢰해라."

내가 진정으로 내 시간을 하나님께 드릴 때 그분은 그것을 다스리십니다. 그러면 하찮은 것처럼 보이던 일도 내가 하나님께 하듯이 하면 순종의 행동이 되는 것입니다. 만약 하나님께서 통치하고 계심을 진정으로 믿는다면 짜증 나는 방해에 대해서도 '마음을 다하여 주께 하듯 하고 사람에게 하듯 하지 않게' 조절이 가능합니다(골로새서 3:23 참조). 나는 나의 시간을 그분께 돌려드려야 하고, 또한 그분이 나의 모든 시간을 절대주권 가운데서 주장하실 수 있다는 것을 알아야 합니다.

그러나 그 진리를 다른 면에서 보면 사탄은 내가 모든 시간을 하나님께서 주장하시도록 맡기는 것을 원치 않습니다. 공중의 권세 잡은 자요 이 세상 신인 사탄은 내가 주님께 내 삶을 다스리시도록 맡기는 것을 방해하기 위해 있는 힘을 다 기울입니다.

어느 누구에게나 공평하게 하루에 24시간씩이 주어졌습니다. 그 시간들을 어떻게 사용하느냐가 내가 진정으로 하나님을 내 생의 첫자리에 모시는가 그렇지 않은가를 말해 주는 것입니다. 그 시간들을 지혜롭게 사용하기 위해 내가 취할 수 있는 몇 가지 단계가 있습니다.

1. 자신을 알아야 한다. 그러기 위해서는 나 자신의 특성을 연구해야 합니다. 능률이 가장 오르는 때는 언제인가? 잠은

얼마나 자야 하는가? 나 스스로를 훈련하는 데 도움이 되는 것은 무엇인가? 지속적으로 올바른 방향으로 나가는 데 도움을 주는 사람들이 필요한가?

나 자신은 아침 식사를 하고 난 직후가 가장 정신이 맑은 시간입니다. 그 시간은 글 쓰는 일을 비롯한 여러 가지 일을 하기에 가장 좋습니다. 그러나 내가 하나님을 삶의 첫자리에 모시고 있다면 나는 그분이 내 삶 가운데서 가장 좋은 시간을 차지하시도록 해드려야 합니다.

2. 삶을 단순화시켜야 한다. 나는 이것을 어떻게 해야 할지에 대한 창조적인 아이디어를 달라고 창조주 하나님께 기도하고 있습니다. 나는 우리 작은 뜰에 일년생 꽃들 대신에 다년생 식물들을 심기 시작했습니다. 필요 이상의 식물들은 다 없애 버렸습니다. 정원을 꾸미는 데는 별 효과도 없는 것들이었습니다. 또한 식생활도 검소하게, 맛보다는 영양가 위주로 바꾸었습니다. 남편은 어디를 보나 음식에 대해서는 별로 까다롭지 않은 사람입니다. 나는 내가 좋아하는 공예품들도 치워 보았습니다. 우리는 시간을 크게 절약해 주고 일손을 덜어 주는 전자레인지를 하나 구입했습니다. 하나님께서 내 삶을 단순화시킬 수 있는 다른 방법들을 보여 주셔서 내 삶에서 좋은 것들이 최선의 적이 되지 않도록 해주시리라는 것을 나는 압니다.

나는 정기적으로 시편 139:23-24 말씀으로 기도해야 합니다. "하나님이여, 나를 살피사 내 마음을 아시며, 나를 시험하사 내 뜻을 아옵소서. 내게 무슨 악한 행위가 있나 보시고 나를 영원한 길로 인도하소서." 이 기도를 하고 나서 나는 내가 하고 있는 모든 일을 다 적고, 그 모든 항목에 대한 우선순위를 설정할 수 있는 지혜를 달라고 하나님께 기도합니다. 그날 하루 동안 그 모든 일을 할 만한 시간이 없을 때 나는 그 목록의 우선순위대로 하고 나머지는 하지 않습니다. 이렇게 하기가 어렵기는 하지만 하나님께서는 내가 필요할 때는 거절할 수 있는 지혜와 능력을 주시고 그 일에 훈련되게 해주십니다.

3. 삶에서 훈련이 되어야 한다. 훈련은 정신적 태도인 동시에 익히고 발전시켜야 하는 기술이기도 합니다. 그 기술과 정신적 태도를 위해서는 기도할 필요가 있습니다.

나 자신을 알지 못하고, 나의 삶을 단순화시키지 못하며, 내 우선순위를 바로 세우는 데 소용되는 훈련을 받지 못하는 것은 불순종입니다. 나는 하나님께 순종하기를 원합니다. 나는 주님께서 내 삶을 주장하실 수 있도록 하기 위해 주님의 삶을 환하게 알기를 간절히 원합니다.

적용을 위한 성경공부

1. 마태복음 6:33에 의하면 당신의 가장 첫 번째 우선순위는 무엇이어야 합니까?

현재 당신은 삶 가운데서 하나님과의 교제 시간과 그분과의 관계를 유지하는 것을 우선순위로 지키고 있습니까?

만약 아니라면, 하나님께서 당신이 어떻게 하기를 원하실 것이라고 생각합니까?

2. 에베소서 3:14-19을 읽으십시오. 이 구절은 하나님의 모든 충만하신 것으로 충만하게 되는 열쇠가 무엇이라고 말합니까?

실제적인 면에 있어서, 나는 그리스도의 사랑을 어떻게 느끼고, 이해하며, 경험할 수 있습니까?

3. 디도서 2:3-5을 읽으십시오. 이 구절은 우리 삶에서 다른 우선순위들에 대하여 어떻게 말하고 있습니까?

4. 시편 139:23-24의 기도를 소리 내어 읽으면서 기도하십시오. 당신의 생활과 계획 가운데서 하나님께서 제하기를 원하시는 게 있다면 무엇인지 기도하며 찾으십시오.

4
고 통

남편에게 그 일을 해달라고 부탁했습니다. 나는 너무 겁이 많기 때문이었습니다. 우리 개 머프는 거의 13년간이나 한 식구로 살았습니다. 한 손 안에 다 들어올 만큼 작은 강아지일 때 우리 집에 들어왔는데, 그 털이 하도 길어서 초롱초롱한 두 눈을 다 덮다시피 했고 생기 찬 그 몸에 촘촘하게 나서 물결치듯 했습니다. 머프는 우리에게 충성스러운 식구였었습니다. 그러나 커다란 종양이 생겨서 움직이기 어려웠고 너무나 고통스러워했기 때문에 이제는 편안히 잠들게 해주는 것이 좋겠다는 결정을 내리게 되었습니다.

나는 마음을 굳게 먹고 속으로 다짐을 했습니다. '이 세상에는 사람들에게도 비참한 일들이 많아. 머프는 개에 불과해. 그래도 나름대로는 행복한 생을 보내고 가는 거니까 난 울지 않겠어.' 그러나 나는 울었습니다.

머프가 영원히 잠든 지 얼마 안 되어 남편이 해외여행을 떠나게 되어 나는 생전 처음으로 혼자만 집에 남게 되었습니다. 바람이 불어 앞문에 무엇이 긁히는 소리가 나면 나는 머프에게 문을 열어 주어야겠다는 생각에 거의 무의식적으로 문으로 걸어 나가곤 했습니다. 냉장고가 있는 모퉁이를 돌 때쯤 머프의 물그릇에 물이 남아 있는지 흘끗 보고서는 마음 한구석에 찡한 아픔을 느끼고 몸을 움츠린 적도 있었습니다. 머프는 이제 이 세상에 없었습니다.

예수님께서 우리의 작은 아픔도 알고 계시다는 사실이 기쁘지 않습니까?

때때로 작은 괴로움들이 모여서 우리 배를 침몰시키겠다고 위협하기도 합니다. 무릎의 살갗이 벗겨져서 피가 나고 따가운 것과 같은 작은 상처가 우리를 성가시게 만들기도 합니다. 그런 작은 아픔들이나 큰 문제들이나 다 우리의 사기를 떨어뜨려서 하나님과 함께 높이 날아오르는 마음을 막아 버릴 수도 있습니다. 어느 날 나는 이 문제를 곰곰이 생각해 보고는 이런 글을 써보았습니다.

그는 속으로 말했습니다. '아버지, 전 오늘 힘차게 날아오를 수 없습니다. 도와주십시오.'

아버지께서 말씀하셨습니다. "내 딸아, 꼭 하늘 높이 까마득하게 날아올라야만 난다고 할 수 있는 건 아니란다. 어떤 때는 땅에서 단 1m만 떠오를 때도 있지만, 그것도 나는 것이란다."

그는 하나님과 함께 날고 있을 때도 문제는 늘 멀리 있는 것만은 아니라는 사실을 그제야 깨달았습니다. 때로 그 문제들이 너무나 가까워서 그의 날개를 지탱하는 성령의 바람이 없다면 날다가 가지에 뒤엉켜 버리거나 바위에 충돌하게 될 수도 있는 것입니다.

새끼발가락에 물집이 난 적이 있는지요? 큰 상처도 아닙니다. 그저 쓸려서 좀 따가울 뿐입니다. 구두에 자꾸 쓸리게 되고 슬리퍼를 신어도 마찰이 되어 따갑습니다. 걷지 못할 정도로 크게 고통스러운 것은 아니지만 계속 신경을 건드립니다.

인생의 작은 아픔들도 그와 마찬가지입니다. 그런 작은 아픔들은 없어지지 않고 삶의 일부분이 되어, 살아 움직이는 한 계속 우릴 괴롭힙니다. 그렇게 우릴 괴롭히는 것은 등이 쑤신다거나 팔이 저린 것 같은 육체적인 아픔일 수도 있고, 가까운 친구가 나를 떠나 버렸다든가, 아끼던 애완동물이 죽었다든가, 자식이 다 커서 부모 곁을 떠날 때 느끼는 것과 같은 감정적인 아픔일 수도 있습니다. 또한 그것들은 갱년기가 되어 건망증이 생기는 것과 같은 정신적인 문제일 수도 있고, 하나님과 동행하는 일이 무미건조해지는 것과 같은 영적인 문제일 수도 있습니다.

작은 상처들을 어떻게 하시겠습니까? 삶 가운데서 만나게 되는 작은 근심거리들을 해결하는 데는 무엇이 도움이 되겠습니까? 흔히 아픔을 더는 데 도움이 되지도 않는 것들을 말로만 이러쿵저러쿵 이야기하기가 더 쉽습니다. 적어도 내 경우엔 그렇습니다.

나보다 사정이 더 나쁜 사람들을 바라본다고 해서 도움이 되는 것도 아닙니다. 그 고통이 아무리 작다고 해도 당하고 있는 사람에게는 그것이 현실입니다. 그러므로 그에게 "넌 그런 식의 감정을 가져서는 안돼. 자기 남편이 암으로 앓고 있는 부인을 생각해 봐"라고 말해 봐야, 그것이 그의 문제를 해결하는 데는 조금도 도움이 되지 않습니다.

사고로 전신마비 상태에서 살아가고 있는 조니 이어렉슨은 이렇게 썼습니다.

> 사고를 당하고 몇 달이 지났을 때 나는 친구들과 친척들이 겪고 있는 일상적인 작은 어려움들에 주의를 돌리기 시작했습니다. 손톱을 다친 것, 갚아야 할 빚이 있는 것, 열이 나고 아픈 것, 자동차가 어디에 부딪혀서 범퍼가 찌그러진 것 등등. 이런 것들로 받는 고통이 그들에게는 내가 기동을 못하는 데서 받는 고통만큼이나 현실적이었던 것입니다. 고통에는 보편적인 그 무엇이 있다는 사실이 나에게는 새로운 충격이었습니다. 그것은 먼저, 한 사람도 예외 없이 모든 사람이 다 겪는다는 사실이었습니다. 다음으로는 사람이 견뎌 내야 할 폭이

크든 작든 그 고통은 누구에게나 불쾌하다는 사실이었습니다. 성가시게 구는 방 안의 파리 한 마리 때문에 느끼게 되는 고통이 때로는 다리가 부러져서 받는 고통만큼이나 클 때도 있는 것입니다.

순교자 행세를 하는 것은 도움이 안 됩니다. 입 꼭 다물고 고통을 감내하는 태도는 실제로는 자기 슬픔과 우울함을 소리 높여 외치는 것이요, 주위 사람들을 불편하게 만드는 것입니다.

문제 가운데 있는 다른 친구를 불쌍히 여기는 것도 도움이 되지 않습니다. 이것은 높은 자리에서 아래를 내려다보며 "네 고통이 내 고통만큼 크겠느냐?"라는 식으로 자기 고통과 그 이유들을 성찰, 예시, 분산함으로써 자신의 곤경을 확대시키는 것이나 다름없습니다.

그러나 다음과 같은 것들은 고통을 더는 데 도움이 되는 경우가 많습니다.

* 친구를 점심 식사에 초대하는 것.
* 미용실에 가서 머리를 하는 것.
* 남편과 데이트를 하는 것(이 방법은 큰 효과가 있다).
* 재미있는 일을 시작하는 것.
* 우스운 TV쇼나 영화를 보는 것.
* 테니스, 수영, 산보를 하는 것.

✽ 다른 사람에게 즐거움을 줄 수 있는 어떤 일을 하는 것.

문제와 고통에서 떠나 머리를 식히고, 정신적, 감정적인 휴식을 취하는 것을 배울 필요가 있는 사람들도 있습니다.

전승에 의하면, 어느 날 한 사냥꾼이 지나가다가 사도 요한이 땅바닥에 앉아 길든 메추라기와 놀고 있는 것을 보았습니다. 사냥꾼은 그처럼 부지런한 분이 쓸데없는 일에 시간을 보내고 있다는 사실이 뜻밖이라고 말했습니다. 요한은 그를 올려다보며 물었습니다. "자네는 왜 활 시위를 풀어 가지고 다니나?" 사냥꾼은 "시위를 늘 매어 두면 활이 탄력을 잃게 되기 때문이지요"라고 대답했습니다. 그러자 인자한 노 사도는 미소를 지으며 "내가 이 메추라기와 노는 것도 같은 이유일세"라고 말했다고 합니다.

우리는 일을 제쳐 두는 법을 알아야 합니다. 일을 쉬고 묵상에 잠길 때 영혼의 주름살은 펴지게 되는 것입니다.

이러한 제안들은 고통의 주름살을 펴게 하는 데 도움이 될 수도 있고 그렇지 않을 수도 있습니다. 그렇다면 확실한 해결책은 무엇입니까?

나를 패배로 이끄는 것은, 내 삶 가운데 닥쳐오는 작은 고통들 자체에 있기보다는, 오히려 내가 그것을 어떻게 보느냐에 달려 있습니다. 내가 그것들을 다룰 수 있는 가장 좋은 방법은 그것들을 하나님께서 나의 삶을 다듬기 위해 사용하시는 정으로 보는 것입니다. 작은 고민들에 관한 나의 태도를 변화시키는 한 가지 해결책은 인생 자체에 내가 전체적으로 어떻게 접근하느냐에 달려 있습니다. 즉 그것을 긍정적으로 보느냐 부정적으로 보느냐의 문제인 것입니다.

나는 머프의 죽음을 슬퍼할 수도 있고, 머프와 함께 보낸 지난 13년간의 즐거움을 인하여 하나님께 감사할 수도 있습니다.

사고로 찌그러져 버린 차의 범퍼 때문에 속상해할 수도 있고, 아무도 다치지 않은 것을 인하여 하나님을 찬양할 수도 있습니다. 비가 와서 소풍을 망쳐 버린 것 때문에 불평을 할 수도 있고, 농사에 필요한 비가 온 것을 기뻐할 수도 있는 것입니다.

비행 계획이 취소된 것 때문에 화를 낼 수도 있고, 따뜻한 공항에서 주위에 있는 재미있는 사람들을 관찰해 볼 수 있다는 사실로 인하여 기뻐할 수도 있습니다.

그러나 긍정적인 사고방식이 하루아침에 길러지지는 않습니다. 계속해서 기도하며 노력해야 길러집니다. 긍정적이며 감사하는 태도를 갖게 해달라고 기도하는 사람들이 얼마나 있는지 모르겠습니다.

작은 아픔들에 대한 또 하나의 해결책은 내 시야를 어디에 두느냐에 달려 있습니다. 고통 자체를 주목해서는 안 됩니다. 그 고통을 어떻게 해결할까를 주목해야 합니다. 엘리자베스 엘리엇은 이런 사실을 상기시켜 줍니다.

성경은 문제점들을 이야기해 주는 책이 아닙니다. 코리 텐 붐 여사가 "하나님께서는 문제가 아니라 계획을 갖고 계실 뿐이다"라고 한 말처럼, 우리도 문제점들에 대하여 생각하지 말고 목표를 바라보아야 합니다. 장애물에 부딪힐 때 우리는 항상 목표를 염두에 두고 방향을 선택해야 합니다.

인생은 우리가 어찌 할 수 없는 일들로 가득 차 있지만 거기에 대해 우리가 무슨 일인가는 해야 합니다. "그 앞에 있는 즐거움을 위하여 십자가를 참으사 부끄러움을 개의치 아니하시더니"(히브리서 12:2). 만약 예수님께서 다음과 같은 우리 시대 사조의 유혹에 동요하셨다면 성경에는 전혀 다른 이야기가 기록되었을 것입니다. "그냥 십자가를 참을 것이 아니라 그것에 대하여 **생각해 보고**, 이야기해 보고, 서로 나누고, 본능적으로 느끼는 감정들을 표현하며, 자아에 익숙해지고, 자신이 누군지 알아내며, 문제를 파악하고, 분석하고, 조언을 받으며, 전문가의 의견을 들어 보고, 해결책을 나누고, 그것을 철저히 실행하라." 예수님께서는 참으셨습니다. 그분은 부끄러움을 **개의치 않으셨습니다**. 그 담대했던 이타심으로부터 나오는 자유함과 신선함은 강한 바람과 같습니다. 자기중심적인 선입견이라는 이 공해를 말끔히 쓸어버리기 위해서는 그런 바람이 얼마나 절실히 필요합니까!

어떤 한 가지 태도를 기르고 그것을 몸에 배게 하면 할수록 인생을 다른 시야로 보기는 점점 어려워집니다. 하나님께서는 우리의 생각이 우리가 어떤 사람인가를 나타낸다고 말씀하셨습니다. "대저 그 마음의 생각이 어떠하면 그 위인도 그러한즉"(잠언 23:7). 필립스 브룩스는 이 말씀을 이렇게 적용했습니다. "인생은 자신의 불행을 자위하고 있기에는 너무 짧다. 저지대는 속히 통과하여 정상에서 더 많은 시간을 보내도록 하라!"

마지막으로, 작은 상처들이 지속적으로 괴로움을 줄 때 무엇보다도 크게 도움이 되는 것은 그 모든 문제들을 하나님께 쏟아 놓는 것입니다. 시편 62:8은 내가 삶 가운데서 계속 실천해 오고 있는 것입니다. "백성들아, 시시로 저를 의지하고 그 앞에 마음을 토하라. 하나님은 우리의 피난처시로다."

내가 주님께로 가서 내 마음에 있는 것들을 소리 내어 다 쏟아 놓을 때, 곧 나의 모든 좌절감, 분노, 불평, 마음의 상처들을 다 털어놓을 때, 나는 '길르앗의 유향'으로 상처들을 치료받게 되는 것입니다. 나는 주님께서 나를 이해해 주신다는 사실만으로도 큰 위로를 받습니다. 그러나 주님께서는 그것에 그치지 아니하시고 구체적인 도움까지 주십니다. 주님께서는 나를 쪼는 그 정이 어떤 영향을 주는가를 볼 수 있는 눈을 허락해 주십니다. 주님께서는 내게 감사하는 심령을 주시고, 내 상처를 싸매 주시며, 그분의 치료하시는 부드러운 손길로 어루만지시며 "평안하라"라고 속삭여 주십니다.

적용을 위한 성경공부

1. 최근에 당신의 삶 가운데 있었던 작은 상처를 네 가지만 열거해 보십시오.

2. 이 상처들에 대한 당신의 반응은 지금까지 어떠하였습니까? 당신은 그것에 대해 하나님께 감사했습니까, 의기소침하거나 화를 냈습니까, 즐거움을 잃어버렸습니까, 하나님께서 그것들을 사용하시게 했습니까?

3. 시편 62:8을 암송하십시오. 이 구절을 당신 자신의 말로 풀어 쓰고, 매주 당신의 삶 가운데 이 구절을 실행할 수 있는 아이디어를 주시도록 하나님께 기도하십시오. 이 일을 하기 위한 당신의 계획을 적으십시오.

4. 야고보서 1:2-5을 읽으십시오. "온전히 기쁘게 여기라"는 것은 무슨 의미라고 생각합니까?

이 말은 작은 상처들도 포함하고 있습니까?

우리가 이것을 어떻게 실행할 수 있겠습니까?

5
무가치한 것들

등을 끄니 환한 보름달 빛과 가로등 불빛이 창문을 타고 흘러 들어와 침실을 비춰 주었습니다. 창백하고 푸르스름한 빛깔의 벽지 무늬가 마치 거인들처럼 보이기도 하고 유약한 사람들처럼 보이기도 했습니다. 눈을 반쯤 감으면 그 무늬 하나하나는 기괴한 모습으로 변해 이빨을 드러내고 싱긋이 웃는 가면들같이 보였습니다. 침대의 싸늘한 감촉에 몸을 가볍게 떨면서 나는 벽으로부터 몸을 돌려 누우며 잠을 청했습니다. 몸은 솜처럼 피곤한데 잠은 멀리 달아나 버렸습니다.

하나님께서 특별한 교훈을 가르쳐 주고자 하실 때에는 어디에 가도 하나님의 말씀이 들려오는 것 같음을 느낀 적이 있는지요? 한 가지의 특정한 가르침이 온 사방에서 다 들려옵니다! 내게도 이런 적이 있어서, 하나님의 속성에 대한 책을 공부할 때에 마침 하나님의 거룩하심에 대한 장을 공부하게 되었고,

그 주에 내가 참석했던 수양회에서도 거룩함을 주제로 하는 퍽 힘찬 메시지를 듣게 되었으며, 그 주 초에는 네비게이토선교회의 간사인 제리 브릿지즈가 저술한 **거룩한 삶의 추구**라는 책이 막 출판되어서 매일 밤 잠자리에 들기 전에 읽던 중이었습니다.

거룩함에 대한 교훈을 내게 가르쳐 주기 원하시는 게 아닌가 하는 것을 하나님께 새삼스럽게 여쭈어 볼 필요조차 없었습니다. 그러나 하나님께서 내게 가르쳐 주기를 원하시는 교훈이 구체적으로 어떤 것인가는 잘 몰랐습니다.

나는 이미 오래 전에 하나님께서 내게 일반적인 것들이 아닌 구체적인 것들을 말씀하신다는 사실을 알았습니다. 성경에는 "내가 거룩하니 너희도 거룩할지어다"(베드로전서 1:16)라고 기록되어 있는데, 이것은 전체적이고 포괄적인 명령입니다. 그러나 이 명령을 주신 후 하나님께서는 "특히 여기 기록된 이 영역에 대해서 말이다. 캐롤" 하고 덧붙이시는 것이 있습니다. 후에는 또 다시 "우리가 해야 할 필요가 있는 게 또 하나 있다"라고 말씀하신다는 것을 깨닫게 될 수도 있습니다.

하나님께서 거룩함을 한 트럭 가득 싣고 오셔서 우리 집의 조그만 뒷마당에 있는 작은 묘판에 쏟아 붓지 않으시는 것에 대해 크게 감사합니다. 하나님께서는 그렇게 하시는 것이 아니라 적절한 양의 흙을 취하시고, 적당한 양의 비료를 주시고, 사랑으로 길러 내시며, 잡초를 하나하나 주의 깊게 뽑아 주십니다.

그 시점에서 하나님께서는 내 삶 가운데 나 있는 잡초들을 부지런히 뽑아 주셨습니다. 내게 주시는 교훈이 구체적으로 무엇이냐고 하나님께 여쭤 보았을 때 하나님께서는 시편 101:2-3 말씀을 보여 주셨습니다. "내가 완전한 마음으로 내 집 안에서 행하리이다. 나는 **비루한 것**을 내 눈앞에 두지 아니할 것이요."

남편은 일주일째 해외에 나가 있어 집안이 텅텅 비어 저녁이 되면 사람 목소리가 그리웠습니다. 어디서건 그저 사람 소리만 나면 좋겠다는 생각이 들었습니다. 그래서 오후 5시 뉴스가 방영될 때면 나는 TV를 켰습니다. 뉴스가 끝난 다음에는 볼 만한 가치가 있는 것이든 없는 것이든 TV를 끄지 않았습니다. 심지어는 책을 읽든 앉아서 무슨 일을 하든, 아니면 집 안의 다른 곳에서 무슨 일을 하든 TV는 그대로 켜두었습니다.

하나님께서 내 마음 가운데 말씀하신 것이 바로 그것이었습니다. 나는 내 눈앞에 비루한 것을 두고 있었던 것입니다. 내 귀에 들어오게 방치해 놓았다고 하는 것이 더 옳겠지요. 그렇다고 좋은 프로를 보면서 휴식을 취하는 것조차도 무가치하다는 말은 물론 아닙니다. TV 프로 중에는 무가치할 뿐만 아니라 해로운 것들도 많이 있습니다. 그것이 도덕적으로 용납되는 것이라 할지라도 하나님께서 원치 않으신다면 '비루한 것'이 될 수 있습니다.

그래서 나는 신문이 오면 거기에 난 방송 안내를 보고 가치 있는 프로에는 표시를 해두기로 했습니다. 표시한 모든 프로를 다 볼 필요는 없었습니다. 그러나 남편이 출장가고 없을 때에는 표시해 두지 않은 프로그램은 보지 않기로 더욱 주의를 기울였습니다. 나는 하나님께서 새로운 방법으로 내 집에 임재하시면서 집을 가득 채워 주시는 것을 보았으며, 따라서 사람의 목소리로 내 거실을 채워야겠다는 필요를 느끼지 않게 되었습니다.

하지만 배워야 할 것은 더 있었습니다. 훨씬 더 많이 있었습니다.

나는 생각 가운데에도 무가치한 것, 비루한 것들을 두고 있었습니다. 이런 말을 들으면 아마 비루한 것은 죄악 된 것들과 같다고 느낄 것입니다. 시기심, 이기심, 질투심, 자기 연민 같은 생각들과도 물론 싸워야 했지만, 하나님께서 바로 그때 내게 말씀해 주신 것은 그런 종류의 생각들과는 달랐습니다. 그것은 무가치한 것들, 즉 그것을 위해선 값을 치를 만한 가치가 전혀 없는 그런 생각들이었습니다. 상상력이 매우 풍부한 사람인 나에게 하나님께서는 이전에 헛된 공상에 빠지는 것과 여러 시간 동안이나 생각이 제멋대로 방황하도록 버려두는 것에 대해 말씀해 주신 적이 있습니다. 이렇게 하는 것은 "모든 생각을 사로잡아 그리스도에게 복종케"(고린도후서 10:5) 하는 것과는 정반대되는 행동이었습니다.

하나님께서 이번에는 다른 방법으로 내 생각을 불러일으켜 주셨습니다. 그분은 '만약 내게 무슨 일이 생긴다면' 하는 생각에 대하여 말씀하기 시작하셨습니다. 그때 내 마음속에는 이런 식의 생각이 들었습니다. "만약 여동생이 몇 달 후에 있을 딸아이의 결혼식 날까지 살지 못한다면 어떻게 될까? 너무 아파서 그 결혼식에 참석하지 못한다면 어떻게 하나? 동생이 나를 필요로 할 때 내가 해외에 나가게 된다면 어떻게 하지?' 뿔로 치받는 염소처럼, '만약 …한다면'이라는 생각이 나의 평안을 치받아서 나로 두려움에 반쯤 마비될 정도로 만들었습니다.

'만약 어떻게 된다면' 하는 식의 생각은 조금도 유익을 주지 않습니다. 그런 생각은 건전하지 못할 뿐만 아니라 전적으로 무가치합니다. 내가 만일 하나님께서 모든 상황을 주장하고 계시다는 것을 믿는다면, '만약 어떻게 된다면' 식의 생각에 시간을 빼앗기지 않을 것입니다. 왜냐하면 그런 생각들은 근심을 불러일으키는데, 근심은 곧 믿음의 부족이며 죄이기 때문입니다.

그럴 때 나는 시편 34:4을 주장하며 기도해야 했습니다. "내가 여호와께 구하매 내게 응답하시고 내 **모든** 두려움에서 나를 건지셨도다." 나는 이렇게 기도했습니다. "주님, '만약 어떻게 된다면' 식의 생각에서 벗어나게 해주십시오. 그런 무가치한 것들을 저의 영적인 눈 앞에 두지 않게 도와주시옵소서. 그런 생각들로 말미암아 오는 두려움에서 저를 건져 내 주실 뿐만 아니라, 그런 두려움의 원인이 되는 것들까지도 고쳐 주시옵소서. 그 원인은 주님께 대한 저의 믿음의 부족인 줄 압니다. 제 기도를 들어주신 것을 감사드립니다."

또한 밖에 축축한 안개가 잔뜩 끼는 날이 있습니다. 흐리고, 음산하고, 기분이 좋지 않습니다.

온 집 안에 전등을 밝히 켜 놓고, 벽난로에 불을 지필 준비를 끝내고 저녁을 지으려 할 때까지도 안개가 없어지지 않고 온 집 안을 감싸고 있을 경우도 있습니다. 집 안팎이 다 흐릿합니다.

네 명의 자녀를 둔 어떤 젊은 부인과 대화를 나누었는데, 그는 좌절감에 빠져서 풀이 죽어 있었습니다. 나는 그에게 그리스도께서 즐거움을 회복시켜 주실 것이라고 말해 주었습니다. 그런데 정작 나의 즐거움은 어디에 있는지 막연했습니다. 그에게는 "마음먹기에 따라 영적 싸움에 이길 수도 있고 질 수도 있다"라고 말해 주었지만, 나 자신은 그 싸움에서 졌습니다.

나는 그에게 "당신이 빛 가운데서 행할 수 있도록 하나님께서 당신의 삶 가운데 자신을 충만케 해주실 것입니다. 그러나 그렇게 되기 위해서는 하나님께 시선을 고정시키고 당신 자신의 부족한 점을 바라보지 말아야 합니다"라고 말해 주었습니다. 한 마디 한 마디가 다 진심이었습니다.

그러나 내 마음은 여전히 침울했고, 왜 그런지 그 이유조차 알 수가 없었습니다. 도무지 알 수 없는 이유로 의기소침해 있었습니다. "주님, 주님께서는 어디에 계십니까? 맑은 가운데서뿐만 아니라 흐린 가운데도 임재하시는 것으로 알고 있습니다. 하지만 오늘 안개가 주님의 얼굴을 가리고 있습니다. 제 배 안에서 주님을 뵐 수가 없습니다. 왜 그렇습니까?" 나는 안타까워 기도했습니다.

그 주에 나는 온갖 고난을 다 겪었던 사람들이 쓴 수기를 세 권 읽었습니다. 저자들은 시련 가운데서 하나님의 손길을 경험한 것을 보여 주었지만, 나는 그 책을 읽고 침체에 **빠졌습니다**. 저자들은 그 수기를 통하여 사람이 그런 고난과 시련을 겪을 때 받는 상처와 고통을 하나님께서 주시는 은혜 없이 맛보라고 내게 요구하고 있었던 것인지도 모릅니다.

하나님께서는 내가 보고 있던 TV 프로와 읽고 있던 일반 서적에 대해 조심하라고 내게 말씀해 주신 적이 있었습니다. 그러나 이번에는 내가 기독교 서적 중에서도 어떤 것을 읽어야 할지 또 언제 읽어야 할지에 대하여 별로 기도한 적이 없다는 사실이 갑자기 머리에 떠올랐습니다. 비록 좋은 책이기는 했지만 고난에 관한 책 세 권을 읽은 것이 그 당시의 내 삶 가운데서는 무가치한 일이었습니다. 그 책들은 고난에 대한 것을 너무 자세하게 그리고 있었기 때문에, 그것을 통하여 하나님을 보는 대신 도리어 숨어 있는 문제점들만 보게 되었습니다. 그렇게 되자 그 일로 인하여 나는 평안을 잃어버렸습니다!

나는 하나님에 관한 책에 탐닉했지 하나님 자신을 만난 것이 아니었습니다. 고난을 받은 사람들에 관한 책만 필요 이상으로 많이 읽었고, 그 고난을 이길 수 있게 해주시는 하나님의 은혜는 맛보지 못했던 것입니다. 그런 책은 내 마음을 하나님께가 아니라 사람들과 문젯거리에 고정시키게 만들었습니다.

무가치한 것들

옳은 내용이 기록되어 있지만 사랑할 만하지 못하여 권할 만하지 못한 책들도 있습니다(빌립보서 4:8 참조). 그 책들은 읽을 만한 가치가 없습니다. 하나님께서는 내가 어떤 기독교 서적을 읽어야 할 것인가까지도 가르쳐 주십니다. 내가 만일 읽을 시간이나 하나님의 인도하심을 고려해 보지도 않은 채로 어떤 기독교 서적이 내게 유익하리라고 가정한다고 할 때, 그것은 무가치한 책이 될 수도 있습니다.

이소벨 쿤의 **추구**라는 책을 읽은 적이 있는데, 그 책에서 저자는 연애소설은 자신이 하나님의 말씀을 생생하게 간직하는 것을 방해하기 때문에 읽지 않는 것이 옳다는 확신을 주님께로부터 받았다고 말했습니다. 퍽 감명이 깊었습니다. 나는 당시 그런 확신은 없었지만 신앙서적이라 하더라도 하나님의 말씀을 공부하고자 하는 내적인 필요를 느끼지 못하게 만들 수도 있다는 생각이 머리를 스쳤습니다. 하나님의 말씀을 대신할 만한 것은 있을 수 없습니다.

많은 신앙 서적들은 내게 축복이 될 뿐만 아니라 크게 도움이 됩니다. 내가 좋아하는 책으로는 찰스 카우만 부인의 **사막의 생수**와 오스왈드 체임버스의 **최선의 신앙생활 365일** 등이 있습니다. 하나님께서는 이 책들을 통해 내게 도움을 주셨습니다. 그러나 이런 양서들이라 할지라도 성경을 읽는 시간을 빼앗거나 성경공부에 더욱 박차를 가하는 일에 방해가 된다면 읽지 않는 게 옳습니다. 나는 책뿐만 아니라 테이프나 설교를 통해서도 다른 사람들로부터 기꺼이 배우고자 합니다. 그러나 그런 것들이 하나님으로부터 직접 배우려고 하는 더 큰 갈망을 불러일으키는 데 도움이 되거나, 그런 수단을 통하여 하나님께로부터 개인적인 교훈을 배울 수 있는 경우에 한해서만 그렇습니다.

대개 한두 장을 읽어 보면 그 책이 유익할 것인지 아닌지를 알 수 있습니다. 만약 도움이 되지 않는다는 것을 알면, 하나님께서 혹 나중에 다시 기회를 주신다면 그때 읽으리라 생각하고 접어 둡니다. 어떤 때는 시기가 문제가 되기도 하고, 어떤 때는 내용 자체가 문제가 되기도 합니다.

일단 한 번 흘려보낸 오늘 스물네 시간은 결코 다시 돌아오지 않습니다. 쓸데없는 일에 허비해 버린 시간은 절대로 되찾을 수 없습니다. 그래서 하나님의 명령은 이처럼 명확한 것입니다. "그런즉 너희가 어떻게 행할 것을 자세히 주의하여 지혜 없는 자같이 말고 오직 지혜 있는 자같이 하여 세월을 아끼라. 때가 악하니라. 그러므로 어리석은 자가 되지 말고 오직 주의 뜻이 무엇인가 이해하라"(에베소서 5:15-17). 당신은 하나님의 뜻이 무엇인지 알고 있습니까? 바로 그 뜻을 행하는 데 당신의 시간이 사용되어야 할 것입니다!

좋은 일이라 할지라도 **올바른 때**가 아닌 경우에 한다면 무가치하게 되어 버릴 수가 있습니다. 가족들과 함께 보내야 할 시간을 무언가 그럴듯한 이유를 붙여 다른 일에 써버린다거나, 하나님께서 일을 하라고 하시는 시간에 공부를 하는 것, 혹은 하나님께서 공부를 하라고 하시는 시간에 일을 하는 것 같은 경우가 바로 그렇습니다. 한때 공예를 하는 일이 기분 전환도 되고 또 내가 만든 공예품을 다른 사람에게 선물로 주어 나의 사랑을 나타낼 수 있었던 적이 있었습니다. 지금은 그것이 가치 없는 일이요 또 하나님께서 그만두라고 하셨습니다. TV 시청, 물건 싸게 구입하러 다니는 일, 커피 마시기, 취미 생활, 맛있는 요리하기 같은 것들도 오늘 하나님께서 당신을 위해 계획하신 일에 방해가 된다면 다 무익한 일이 될 수 있습니다.

하나님께서 내게 무익하다고 말씀해 주실 수 있는 것은 이 밖에도 무수히 많을 것입니다. 그런 일을 통하여 나는 일생 동안 끊임없는 교훈을 받게 될 것을 기대하고 있습니다. 아, 나는 대문을 활짝 열어 놓고 온전한 마음으로 집 안에서(그리고 집 밖에서도) 행하며, '비루한 것들'을 내 마음의 칠판에서 말끔히 지워 버리고 싶습니다.

적용을 위한 성경공부

1. 에베소서 5:15-17을 풀어 쓰십시오.

2. 지나간 한 주간을 회상해 보고 당신의 마음 가운데 있었던 생각들을 적어 보십시오.

그중 빌립보서 4:8에 해당되지 않는 것들은 무엇입니까?

3. 시편 101편을 주의 깊게 읽으십시오.
   당신의 삶 가운데 있는 비루한 것들, 즉 무가치한 것들은 무엇이라고 생각합니까?

하나님께서 그것들에 관하여 당신으로 하게 하시는 것은 무엇이라고 생각합니까?

6
성격 – 나 자신의 문제

약간 틀린 음으로 신나게 노래를 부르며 주방에서 일을 하고 있는데 남편이 들어오더니 한 팔로 나를 감싸며 내 눈을 바라보는 것이었습니다. "요리 잘하는 여자도 있고, 성경공부 잘 이끄는 여자도 있고, 화단 잘 가꾸는 여자도 있고, 노래 잘하는 여자도 있는데…" 이렇게 운을 떼놓고 잠시 말을 끊었다가 농담이라는 뜻으로 눈을 깜빡하면서 심술궂게 덧붙였습니다. "아, 그런데 넷 중 셋이라니 나쁘진 않은걸!"

노래를 잘못 부르는 것은 웃어넘길 수 있지만, 다른 약점들은 웃고 말 문제가 아닙니다! 남편이 나의 약점과 결점들을 매우 잘 용납해 주기 때문에, 그것은 내가 스스로를 용납하고, 나아가 하나님께서 나를 더욱 크게 용납해 주신다는 사실을 아는 데에도 도움이 되어 왔습니다. 하지만 나 자신도 싫어하는 점들이 나에게는 여전히 남아 있습니다. 솔직히 말해서 내가 가장 곤란을 느끼고 있는 문제는 바로 나 자신의 성격인 것입니다!

내가 가장 싫어하는 나의 성격 한 가지는 대화를 할 때 말이 중단되어 분위기가 어색하게 느껴지면 무슨 말이든지(대개는 잘못된 말을) 불쑥 하지 않고는 못 배기는 점입니다. 이 성격 때문에 내게는 베드로의 입장이 매우 잘 이해됩니다. 그는 변화산에서 자기도 모르는 말을 불쑥 내뱉은 적이 있습니다. 마가복음 9:1-13을 보면 베드로는 변화하신 예수님께서 모세와 엘리야로 더불어 이야기를 나누시는 모습을 보고 깜짝 놀라고 심히 무서워, '무슨 말을 해야 할지 알지 못한 채' 순간적으로 불쑥 말을 해버렸습니다.

그 구절을 읽었을 때, 나는 '무슨 말을 해야 할지 알지 못했다고? 누가 무엇을 묻기라도 했단 말인가?' 하는 생각이 났습니다. 그런데도 베드로는 무슨 말인가는 해야 한다고 느꼈고, 그 때문에 영광스럽게 변화된 세 분을 위해 초막 셋을 짓자고 말했던 것입니다. 나도 베드로처럼 초조해지면 누가 묻지 않았는데도 뭔가를 대답해야 한다고 느끼는 사람입니다!

그러나 이 기사를 읽고 크게 놀라웠던 것은 하나님 아버지께서 베드로를 꾸짖지 않으셨다는 사실입니다. 베드로가 그런 말을 했다고 해서 예수님께서 고개를 가로저으며 화를 내지도 않으셨습니다. 오히려 하나님께서는 베드로의 공허한 제안에 응답이라도 하시듯이 예수님이 하나님의 사랑하시는 아들이라는 사실을 극적으로 알려 주셨습니다. 베드로가 초막 셋을 짓자고 말한 후 둘러보니 그 산에는 예수님만이 홀로 서 계셨습니다. 이때 하나님께서는 우레와 같은 소리로 "이는 내 사랑하는 아들이니 너희는 저의 말을 들으라!"라고 말씀하셨습니다.

내가 이 사건을 공부할 때 하나님께서 내게 가르쳐 주신 교훈은, 내가 스스로도 달갑지 않은 내 성격에 시선을 고정시키지 말고 예수님께만 내 눈을 고정시켜야 한다는 사실이었습니다. 나는 하나님께서 그런 성격들을 다 이해하고 계실 뿐만 아니라 때로는 그것들을 은혜롭게 사용하기까지 하신다는 것을 기억해야 합니다. 내가 할 일은 예수님께만 내 시선을 고정시키는 것입니다. 내가 영적인 시야로 주님을 똑똑히 볼 때 나는 나 자신과 나 자신에 관계되는 것들을 잊을 수 있습니다.

다른 사람을 사랑할 수 있으려면, 심지어 그리스도를 사랑할 수 있으려면, 자기 자신부터 먼저 사랑해야 한다고 가르치는 사람들이 수없이 많습니다. **건강한 자아상, 자기 사랑, 자기 용납, 난 괜찮아**와 같은 말들을 이제는 어디에서나 들을 수 있습니다. 우리는 개개인으로서 그리고 한 사회인으로서 우리 주위 사람들에게 좋은 인상을 주고, 가치를 인정받으며, 순수하게 용납받고 싶어 합니다. 우리는 환영받고, 사랑받고 싶으며, 또한 실제로 환영과 사랑을 받고 있다는 사실을 확인하고 싶어 합니다. 그 말에는 물론 그른 것이 없습니다.

혹시라도 잘못된 게 있을까요? 우리의 자아상에 주의를 기울인다고 그리스도께 주의를 덜 기울이게 된 적이라도 있습니까? 스스로의 가치를 추구한다고 해서 예수님의 가치에 대한 우리의 시야가 막힌 적이라도 있습니까? 사랑받고 용납받고 싶어하는 우리의 열망 때문에 하나님을 알고자 하는 열망이 줄어든 적이 있습니까?

우리는 잘못된 것에 초점을 맞추어 오지 않았는가 하는 생각이 듭니다. 자아를 자신의 눈앞에 두었고, 그것 때문에 주님을 보는 시야가 가려져 왔습니다. 그러므로 주님을 찾으려는 노력이 점점 더 광적으로 변해 가는 것도 무리가 아닙니다.

내가 갈수록 더 확신하게 되는 것은, 스스로에 대한 건전한 시야를 갖는 비결이 책을 읽고 공식을 배우며 그것으로써 자아를 사랑하는 면을 키워 가는 데 있는 것이 아니라, 나를 사랑받을 만한 사람으로 보고 계시는 하나님을 익히 아는 데 있다는 것입니다. 하나님의 사랑을 알 때 나는 사랑받는다는 것을 느끼게 되고, 하나님의 아름다우심을 볼 때 나는 나 자신이 아름다우냐 아름답지 못하냐를 생각하는 대신 나 자신에 대한 생각을 온전히 그치고 나의 마음을 그분으로 더욱 채우게 되는 것입니다.

단순한 것으로 들립니까? 그럴지도 모릅니다. 그러나 내가 읽은 자아상에 관한 대부분의 책들은 문제점과 그런 잘못된 생각을 가지고 있어서는 안 된다는 사실만 기록되어 있었습니다. 그 책들은 내가 현재 미숙하게 행동하고 있으며, 따라서 성숙한 행동을 해야 한다는 사실을 깨닫게 하는 단계에까지는 이르게 했는지는 모르지만, 내가 성숙한 행동을 할 수 있도록 실제적으로 도움을 주지는 못했습니다. 내 속에 어린아이 같은 유치한 생각이 들어 있다는 것을 안다고 해도 그것을 변화시킬 능력과 힘이 없다면 실제로는 큰 도움이 되지 못할 것입니다.

이런 책들을 통해 얻을 수 있는 도움을 과소평가하려는 것은 아닙니다. 어떤 책들은 나의 실상을 아는 데 도움이 되기도 합니다. 그러나 그렇게 알기만 하는 것은 스스로를 무기력하게 만들 뿐입니다. 내가 다른 사람과 하나님을 사랑할 수 있게 되기 위하여 나 자신을 사랑하려고 애쓸 때 스스로는 힘이 없고 무능하다는 사실을 깨닫게 됩니다. 내가 예수님을 바라보고 예수님으로 내 삶을 충만케 할 때 비로소 내가 그분께 귀중하다는 사실을 바탕으로 내가 실제로 얼마나 귀중한가를 알게 됩니다. 그분이 나를 사랑하시고, 용납하시고, 이해해 주시기 때문에, 나도 나 자신을 거리낌 없이 좋아하고 사랑할 수 있게 되며, 그 감정이 내게 흘러넘쳐서 다른 사람들을 용납하고 사랑할 수 있게 되는 것입니다.

어느 날 매우 뚱뚱한 친구가 우리 집을 방문했습니다. 나는 아무 생각 없이 어릴 때 자주 들었던 농담을 한마디 했습니다. "어서 앉아. 다리가 너무너무 수고했겠다!" 이 말을 입 밖에 내놓은 그 즉시 나는 아차 실수를 했구나 하는 것을 깨닫고 당황했습니다. 그렇지만 일단 내뱉은 말을 어떻게 주워 담을 수 있겠습니까?

그 직후에 나는 혼자 속으로 이런 생각을 하며 자위할 수도 있었습니다. "캐롤, 괜찮아.(마음이 썩 불편한걸!) 어쩌다 한 번 그런 생각 없는 말을 한 걸 가지고 뭘 그래.(어쩌다가 한 게 아니라 자주 한단 말이야!) 넌 정말 좋은 사람이야.(누가 그렇대?) 넌 자아를 사랑해야 해.(그래. 그건 알아. 하지만 어떻게?)"

솔직히 말해서 그런 식의 자위는 별 도움이 되지 않을 거라고 생각합니다. 그렇다고 내가 범한 실수를 계속 생각해 보았자 아무 도움도 되지 않습니다. 그러나 하나님 아버지께 그걸 말씀드리고, 내가 생각 없이 한 말 때문에 친구의 마음이 상치 않게 해달라고 기도하며, 또 그 말 때문에 내 마음속에 생긴 죄책감과 무거운 감정을 없애 주시기를 구한 후, 내가 어떻게 했든 나를 사랑하시는 하나님께 내 생각을 고정시키면, 하나님께서는 나로 용납받고 있음을 느낄 수 있게 해주시며, 나의 나 된 것으로 인하여 기쁨까지도 맛볼 수 있게 해주시는 것입니다.

그러면 내가 스스로에 대하여 가지고 있는 고민을 어떻게 하면 덜 수 있을까요? 다음 원리를 따르면 도움이 됩니다.

1. 내가 이해하는 그 이상으로 나를 사랑하시는 **하나님께 시선을 고정시킨다.**

2. 하나님께서는 내가 행한 어리석은 일들을 도리어 하나님의 영광을 위해 사용하실 수 있으며, 그분의 뜻에 따라 그것들을 변화시키실 수 있다는 사실을 알고, 내가 행한 **어리석은 일들을**

유머로 받는다.

3. 스스로 도움이 된다고 생각되는 책을 읽기보다는 **하나님의 말씀에 집중한다.**

4. 다른 무엇보다도 **하나님을 더 잘 알기 위한 열망을 갖는다.**

5. 삶의 경험들을 통하여 **하나님께서 어떤 분인가를 배운다.**

나에게는 하나님께서 깎아 내 버리기를 원하시는 모난 구석들이 많이 있습니다. 나는 그런 사실을 알고 있습니다. 내 책임은 하나님께서 그 일을 하시는 것을 방해하지 않는 것입니다. 즉 하나님께서 사용하시는 도구에 저항하려 하지 말고 자신을 맡기는 일입니다. 그렇게 할 때 나는 하나님께서 나를 하나님의 뜻에 맞는 사람으로 만드신다는 사실을 믿고 마음 놓고 쉴 수 있게 되는 것입니다. 이것은 내가 원하거나 다른 사람들이 바라는 식이 아닐 수도 있습니다. 그러나 그리스도의 몸의 한 독특한 지체로서 내게는 특별한 임무가 주어져 있습니다. 나는 내가 지음받은 그 목적대로 되어야 합니다. 지금 이 순간의 나 자신이 잘나서가 아니라 하나님께서 나를 빚어 가시기 때문에 내 삶이 달콤한 향기를 내뿜게 되기를 원합니다.

적용을 위한 성경공부

1. 시편 145-150편을 읽으십시오.

2. 이 시편들 가운데서 당신이 찾을 수 있는 하나님의 성품들을 다 적으십시오.

3. 이 시편들에서 찾을 수 있는 감사할 이유들을 다 적으십시오.

4. 시편 145:5을 풀어 쓰고, 당신이 이번 주에 생각하고 싶은 하나님의 기이한 일을 다섯 가지 이상 적으십시오.

5. 시편 145:16을 풀어 쓰십시오. 당신이 만족하지 못하는 영역은 무엇입니까? 이 구절은 무엇을 의미한다고 생각합니까?

6. 자기 자신에게 시선을 돌리지 않고 하나님께 시선을 고정시킬 수 있게 해주시기를 매일 기도하십시오.

7. 이 시편들 가운데서 특별히 당신에게 말씀해 주시는 말씀을 한 구절 골라서 암송하십시오.

7
감 옥

친구네 집 뜰의 간이 의자에 앉아 따뜻한 아침 햇볕을 즐기며 경건의 시간을 갖고 있던 중이었습니다. 한쪽 구석에서 갑자기 무엇인가 움직이는 것이 눈에 띄었습니다. 자세히 보니 이웃집의 고양이가 풀밭에 엎드려 있는 모습이 희미하게 눈에 들어왔습니다. 그런데 그 위로 무언가가 파닥거리는 것 같았습니다. 고양이는 무엇을 노리고 있었습니다. 그놈은 눈도 깜빡 않고 나를 한번 슬쩍 돌아보았습니다. 그 다음 순간 고양이는 파닥거리며 날던 것을 향해 앞발을 내리쳤습니다.

사느냐 죽느냐의 처절한 싸움이 전개되는 것을 깨달은 순간 나는 비명을 질렀습니다. 고양이는 내 비명에 잠깐 주저하는 것 같더니 다음 순간 결사적으로 도망하려고 파닥거리는 작은 새를 향해 신중하게, 그러나 재빨리 두 번째의 공격을 개시했습니다. 내가 고양이를 쫓자 그놈은 거드름을 피우며 그 새를 입에 문 채 나를 간단히 따돌리고는 낮은 의자 밑을 빠져 유유히 도망쳤습니다. 나는 그 새 때문에 마음이 아팠지만 어쩔 도리가 없었습니다.

대부분의 사람들은 살아가노라면 그 작은 새와 같이 곤경에 빠지는 때가 있습니다. 처해진 상황이나 문제에서 빠져 나가려고 발버둥 쳐도 무력감을 느낍니다. 투쟁을 하고 애를 써도 실패를 합니다.

생의 감옥들로부터 탈출할 수 있는 사람은 드뭅니다. 내가 말하는 감옥은 죄수들을 가두는 쇠창살이 있는 그런 감옥이 아니라 우리가 벗어나고 싶어 하는 환경들을 가리킵니다.

젊은 엄마들은 밥 짓고 빨래하고 집안 청소하며 아기 키우는 일을 속박으로 느낄 때가 있습니다. 이들은 이런 일들에 지치고 지쳐서 정신적으로는 채움을 받지 못하고 있다고 느낍니다. 경제적으로 어려워서 부득이 직장 생활을 해야 하는 가정주부들은 돈 때문에 어쩔 수 없이 자기들이 싫어하는 일에 매여 있다고 느낄 때가 많습니다. 자녀들이 장성한 가정의 여자들은 자신들이 무용지물처럼 보여 좌절감에 빠지기도 합니다. 질병, 상처, 무능력 같은 것이 우리를 고통의 울타리 안에 가두어 버리기도 합니다. 화해의 노력에도 불구하고 치유되지 않는 깨진 인간관계 혹은 긴장된 인간관계는 상처를 꽉 죄는 도구와도 같습니다. 가족들에 대한 우리의 책임들이 우리의 삶을 곤란에 빠뜨리기도 합니다.

누가 우리 삶 가운데 이런 감옥들을 만들었습니까? 다른 사람들입니까, 우리 자신입니까, 아니면 하나님입니까? '모두 다'라는 대답이 아마 가장 적절한 대답일 것입니다. 언뜻 보면 대부분 다른 사람들이 우리를 희망 없는 상황 가운데로 빠뜨리는 것처럼 보입니다. 내 두 친구의 예를 들어 보겠습니다.

도티는 어머니의 임종을 맞기 위하여 선교지를 떠나 귀국했습니다. 이혼하고 나서 혼자 사시던 어머니가 딸의 정성스런 보살핌 가운데서 이 세상을 떠나자, 이번에는 오래 전에 헤어져 잘 알지도 못했던 그 아버지가 도티의 도움을 필요로 했습니다. 인간적으로 말해서 도티는 아버지에 대한 책임감을 느끼고 스스로 얽매일 수도 있었습니다.

마지는 다른 종류의 압력과 싸우는 사람입니다. 마지는 수년간 교사로 일하다가 남편이 승진을 함에 따라 형편이 좋아져서 이제는 교직을 떠나 가정에서 가정주부로서, 어머니로서 살 수 있게 되었고, 음악, 성경공부 인도, 스포츠 등 하고 싶은 일을 할 수 있게 되었습니다. 일 년 동안 마지는 하고 싶어 하던 것들을 두루 하며 즐거움을 누릴 수 있었습니다. 일 년이 지난 후 경제적인 필요가 커지고, 남편이 하고 싶어 하던 공부를 시작하게 되자 마지는 틀에 박혀 재미없다고 생각했던 교사 생활을 다시 해야 한다는 압력을 받게 되었습니다. 그렇게 되면 성경공부도 스포츠도 친구들과의 교제도 다 그만두어야 했습니다. 처음에는 반발도 해보았습니다. 마지는 그렇게 돈이 많이

드는 공부를 꼭 하고 싶어 하는 남편을 비난하고 싶은 유혹도 받았고, 가족들의 생계가 보장될 만큼 충분한 봉급을 주지 않는 회사를 비난하고 싶기도 했으며, 인플레로 생활을 어렵게 만든다고 정부를 비판하고 싶은 마음도 생겼습니다. 마지의 마음을 나는 아주 잘 이해할 수 있습니다.

우리를 얽매는 것 때문에 사람들을 비난하기가 매우 쉽습니다. 갇혀 있다고 느끼는 것은 우리의 몸만이 아닙니다. 우리 마음 또한 '남들이 나를 어떻게 생각하고 어떻게 평가할까?'에 쉽게 얽매이기도 합니다. 이렇게 얽매이면 도저히 빠져나갈 구멍이 없다고 느끼는데, 이런 과정은 참으로 교묘하게 일어납니다.

예를 들어, 나는 최근에 가정주부들이 어떻게 해서 스스로 일에 시달리고 급료 한 푼 못 받는 가치 없는 존재로 느끼게 되는가를 실감했습니다. 나는 그게 퍽 시험거리가 되었다는 사실을 솔직히 인정하지 않을 수 없습니다.

동네 슈퍼마켓의 규정이 바뀌어서 카드를 새로 신청하라는 요청이 있었습니다. 나는 바빴지만 신청서를 새로 썼습니다. 다 써서 제출하자 지배인이 다시 한 번 검토를 했습니다. 내가 제대로 기록을 했는지 믿지 못하는 것 같아서 처음에는 별로 기분이 좋지 않았습니다. 그는 다 훑어보고 나서 "직업란을 비워 두셨군요. 하시는 일이 없으십니까?" 하고 물었습니다.

그 당시 나는 손자 아이 때문에 아침 6시 전에 일어나서 그 아이의 잡다한 시중을 들어 주었고, 계속해서 빨래와 다림질, 그리고 청소와 같은 일을 했습니다. 오전 11시만 되면 하루가 다 지나간 것 같았습니다. 그 지배인이 별생각 없이 한 질문이 내게는 웃다가 울다가 갑자기 소리치고 싶은 충동을 불러일으켰습니다.

나는 시큰둥하게 "아니요! 집에서 일해요" 하고 대답했습니다.

그는 내 대답에 어색해하면서 "아, 일하기 참 좋은 곳이죠"라고 말했습니다.

그 말에 나는 미소를 지을 수밖에 없었고 카드 건은 더 이상의 마찰 없이 끝났습니다.

나는 그런 질문을 받을 때가 자주 있는데, 그럴 때마다 속으로 화가 좀 나는 것 같습니다. 그러나 그날 머릿속으로 그 대화가 이런 식으로 전개되는 상상을 해보았습니다.

지배인: 직업란을 비워 두셨군요. 하시는 일이 없으십니까?

나: 아니요. 있습니다.

지배인: 어디서 일을 하십니까?

나: 집이에요.

지배인: 아, 그러세요. 집에서 무슨 일을 하시죠?

나: 밥 짓고, 빨래하고, 아기 보는 일이죠.

지배인: 아, 예. 그런데 댁이 맡은 업무는 무엇입니까?

나: 그러니까, 남편 뒷바라지 하는 일이 주로 하는 일이고,

감 옥

여성 모임에서 강연도 하고, 성경공부 인도도 하고, 상담도 해주고, 저술도 하고….

지배인: 아, 그럼 작가시군요?

나: 아니에요. 그저 가정주부지요. 저술은 본업이 아닙니다. 그저 생활의 작은 부분에 지나지 않아요.

지배인: 그럼 이 직업란에는 작가라고 쓰겠습니다.

나: 그러지 마세요! 당신은 내가 누군지 전혀 이해를 않고 그러시는군요.

거기까지 상상하고 나자 너무나 우스꽝스러워서 속으로 나 자신에게 웃음을 터뜨리면서 그만두었습니다. 다음번에 나를 보고 하는 일이 없느냐고 묻는 사람에게 어떻게 대답해 주어야 할지 정말 모르겠습니다.

이 일을 돌이켜 볼 때 나는 좌절감을 느끼고 일정한 틀에 갇혀 있는 듯한 느낌이 들었습니다. 그것은 다른 사람이 내가 하는 일에 대하여 평가한 것에 영향을 받도록 나 자신을 방치해 두었기 때문이었습니다. 우리의 특별한 소명이 가정주부이든 전화 상담원이든 경찰관이든 다른 사람들이 그 직업을 낮추어 보면 우리 자신도 그 일을 낮추어 보기가 쉽습니다. 우리는 그 사람들의 평가에 따라 스스로 갇혀 버리는 것입니다. 다른 사람이 나를 어떻게 보느냐에 평가 기준을 두어서는 안 됩니다. 과연 하나님께서 나를 인도하셨기 때문에 내가 여기에 와 있는가를 생각해야 합니다. 그 질문에 대한 대답이 하나님께서 인도하신 것으로 나타난다면 다른 사람들의 생각은 무시해야 하는 것입니다. 사람들의 의견이 나를 불만족의 감옥에 가두도록 허용해서는 절대로 안 됩니다.

둘째로, 스스로의 생각에 사로잡혀 그 생각에 갇혀 버리는 경우도 있습니다. 때로 이것은 교묘한 압력들과 잘못된 아이디어들이 너무나 오랫동안 우리의 마음을 차지하여 우리의 생각들이 그런 것에 밀려난 결과이기도 합니다.

한 젊은 엄마하고 같이 운동을 하고 나서 커피를 마시며 시간을 어떻게 사용하고 있는가에 대하여 이야기를 나눈 적이 있습니다. 그의 첫 마디는 그 대화 전체에 담겨진 그의 생각을 잘 나타내 주고 있었습니다. "빨래하기가 싫어요. 너무 지루해요. 힘들여 해봤자 누가 돈을 한 푼 주나요, 알아주길 하나요? 빨래하는 데 들이는 시간이 정말 아까워요."

그 말에 나는 속으로 이런 생각이 들었습니다. '돈을 한 푼 주나요가 무슨 말이야? 행복한 가정이 있지, 가족들이 먹을 양식이 있지, 입을 옷이 있지, 휴가가 있지, 오늘처럼 함께 운동을 즐길 수 있는 여유까지 있지 않은가?' 사실입니다. 그는 그 해 초 3개월 동안은 납세 신고서 작성하는 일을 했지만 나머지 9개월 동안은 가정에서 전적으로 아내와 어머니로서만의 시간을 보낼 수 있었고 또 그것을 즐겼습니다. 그런데 어찌된 일인지 그는 남편의 뒷받침 덕택에 즐기고 있는 그 모든 유익과 특권들을 '보상'으로 생각지 못하고 있었습니다. 오히려 집안일 가운데서 그가 마땅히 해야 될 몫의 일에 대해 불평을 하고 있었던 것입니다.

책을 읽다 보면 가정주부가 얼마나 귀한가에 대한 글을 대할 때가 자주 있습니다. 누군가는 가정주부가 일하는 시간을 요리사, 보모, 교사, 간호사, 운전기사, 미용사 등으로 쳐서 컴퓨터로 계산한 글을 쓰기도 했습니다. 그것을 보면서 나는 가정주부인 나의 가치를 더욱 느낄 수 있었습니다. 그러나 나는 아직까지 가정주부가 즐기게 되는 유익들에 대해서 쓴 글은 읽어 보지 못했습니다. 그런 유익들을 독신자가 누리려면 일주일에 40시간은 더 일해야 될 것입니다. (독신자가 그 일을 다하려면 매우 지겹고 지루할 것입니다.) 가정주부가 얻는 유익을 보면 집 유지비 혹은 집세, 음식물, 오락, 전화, 문화 시설, 교통 시설, 의복, 보험, 의료 혜택 등등 헤아릴 수 없이 많습니다. 게다가 사랑하는 사람의 에스코트를 받으며 즐기는 데이트, 동반자로서의 삶, 필요할 때 돌봄을 받을 수 있는 것, 정원 가꾸기, 집안의 자질구레한 일들, 안전, 기타 등등 언급하지 않은 특권들이 많이 있습니다.

그런 일들은 독신으로 산다고 할 때 보수를 두 배로 받지 않아도 당연히 해야 할 일인 것입니다. 그렇습니다. 음식은 지금의 반만 만들면 되고, 집도 혼자서 살면 덜 어질러 놓을 것이요, 빨래도 지금 하는 양의 반만 하면 됩니다. 그러나 차 손질, 뜰의 잔디 깎기, 잡초 뽑아 주기, 장부 정리, 소득세 계산 등등, 나는 여유 있을 때만 가끔 하고 주로 남편이 도맡아 하고 있는(여보, 미안해요!) 일들이 수도 없이 많습니다. 이런 일들은 남편에게는 귀찮은 일일지도 모르고 또 그걸 한다고 해서 누가 시간외수당을 주는 것도 아닙니다.

솔직히 말해서 나는 내가 하고 있는 집안일에 비해 보수를 잘 받고 있다고 생각합니다. 어떤 일이든지 구태의연하고 지루한 면이 있습니다. 가정주부가 맡아서 해야 하는 일들만 왜 다른 것보다 못하다고 생각해야 한다는 말입니까? 주위에서는 흔히 우리가 하는 일들이 언제나 성취감을 주는 창의적인 것이어야 한다고 생각하지만 그것은 비현실적인 생각입니다. 어느 누가 하는 일이 항상 그럴 수가 있겠습니까?

나를 얽어매는 것들 중 반은 스스로의 생각에서 나온 것이라고까지 추측을 해봅니다. 그것들은 나 자신의 잘못된 생각과 다른 사람들의 잘못된 생각들을 받아들인 결과로 생긴 것입니다. 그러한 속박들은 하나님께서 주신 것이 아니며, 따라서 벗어버려야 할 것들입니다. 주님께서 하시는 이 말씀에 더욱 자주 귀 기울여야 할 필요가 있습니다. "이것이 정로니 너희는 이리로 행하라"(이사야 30:21). 또한 주위 사람들의 생각으로부터는 점차 벗어나야 합니다. 나를 얽매는 것은 비판적으로 점검해 보는 것이 지혜롭습니다. 그런 압력들이 내가 스스로 만든 것이라면 하나님께서 나를 그런 것들로부터 해방시켜 주실 것입니다. 만약 나를 묶어 두고 있는 그런 것들 때문에 다른 사람들을

감 옥 97

비난하는 잘못을 범했다면 나를 묶어 둘 만한 사람은 하나도 없다는 사실을 배울 필요가 있습니다.

나는 '하나님께는 우연이라는 것이 없다'라는 말에 늘 도전을 받곤 합니다. 잠언은 "왕의 마음이 여호와의 손에 있음이 마치 보의 물과 같아서 그가 임의로 인도하시느니라"(21:1)라고 가르쳐 줍니다. 이것이 사실일진대 하나님께서는 남편을 해고시키겠다고 위협하는 남편의 상사도 다스리실 수 있다는 사실을 의심할 수 있겠습니까? 하나님께서는 인플레가 일어나도 역사하실 수 있는 분이십니다. 그분은 심지어 개를 풀어 놓아 우리 집 뒤뜰을 파헤치게 내버려 둔 이웃집 사람들도 다스리시는 분이십니다. 하나님께서는 **모든 것**을 주장하십니다. 그러므로 우리를 곤경에 빠뜨린 사람들에게 화를 낸다면 사실상 그 사람들이 그렇게 하지 못하도록 막으실 수도 있었던 하나님을 향해 화를 내는 것과 같습니다.

살아가노라면 생길 수 있는 그런 감옥들로부터 어떻게 하면 벗어날 수 있겠습니까?

먼저, 우리는 하나님의 절대주권을 계속 바라볼 필요가 있습니다. 절대주권이란 보다 깊은 뜻이 들어 있는 의미심장한 말입니다. 절대주권이란 말은 모든 다른 것 위에 뛰어난 권위를 의미합니다. 그것은 최고요, 가장 위대하며, 모든 능력 위에 뛰어난 권위이자 권세입니다. 현재 우리가 처해 있는 이 환경도 결국은 하나님께서 그 절대주권 가운데서 우리에게 허락해 주셨다는 사실을 기억해야 합니다.

아마 이렇게 말할지도 모르겠습니다. "하지만 하나님께서 그렇게 하신 건 아닙니다. 내가 올바른 상대와 결혼한 것이 아니니까요." 또는 "나는 남편과 이혼했고, 남편은 지금 다른 사람과 살고 있어요. 지금 내가 아는 건 이혼을 하지 말았어야 했다는 거예요." 또는 "내가 직업을 택할 당시에는 그리스도인이 아니었어요. 지금은 내가 이 직업 말고는 다른 어떤 직업을 가져야 할지 모르겠어요"라고 말할지도 모릅니다.

좋습니다. 만약 하나님 앞에 당신의 죄를 자백하고 그 앞에 굴복하면 하나님께서는 당신을 용서해 주시고 모든 불의에서 깨끗케 해주실 것입니다(요한일서 1:9 참조). 그 시점에서부터 당신은 하나님의 뜻 가운데 있게 되는 것이며, 하나님께서는 당신을 온전케 해주시기 위해 그 상황을 바꾸시거나 사용하실 것입니다. 당신이 스스로 자신을 얽어매었던 그 사슬은 이제 하나님의 손 안에서 도구가 되어 당신을 그 아들 예수 그리스도의 형상으로 변화시키는 데 사용될 것입니다.

그러나 인간의 고집은 그 도구가 사용되지 못하도록 방해를 합니다. 남편의 말에 따르면 환경을 통한 하나님의 연단에 대한 우리 인간의 반응은 세 가지가 있습니다. 쓴 뿌리를 내든지, 상태가 더 좋아지든지, 거기에서 벗어나는 일에만 집착하는 것입니다.

히브리서 12:15은 우리가 어려운 환경에 처했을 때 쓴 뿌리를 내지 않게 하나님 은혜에 이르는 자들이 되라고 당부하고 있습니다. 쓴 뿌리는 우리 자신과 우리 주위 사람들을 더럽힙니다. 누군가가 그것을 이처럼 간명하게 표현했습니다. "쓴 뿌리는 그것이 부어지는 물건도 더럽히지만 그것이 담긴 그릇을 더욱 더럽힌다."

역경에 대하여 우리가 취할 수 있는 두 번째의 반응은 이를 악물고, 주먹을 불끈 쥐고, 그것이 지나갈 때까지 참는 것입니다. 이렇게 하면 역경이 시작되었을 때나 끝났을 때나 별로 달라지는 것이 없습니다. 그렇게 한다면 그 과정에서 배울 수 있는 교훈을 다 놓치게 될 것입니다. 우리는 전혀 변화하지 않기 때문에 하나님께서 우리를 변화시키기 위해서는 어려움을 겪는 또 다른 환경을 우리에게 베풀어 주셔야 할 것입니다.

어려운 환경이 올 때 우리가 취할 수 있는 세 번째 태도는 히브리서 12:11에 설명된 대로 그것을 통해 연단을 받을 수 있도록 진정으로 마음을 여는 것입니다. "무릇 징계가 당시에는 즐거워 보이지 않고 슬퍼 보이나 후에 그로 말미암아 연달한 자에게는 의의 평강한 열매를 맺나니."

하나님께서는 우리의 유익을 위하여 우리를 징계하사 우리로 하여금 하나님의 거룩하심에 동참케 해주십니다. 얼마나 놀라운 일입니까! 우리가 처하게 되는 제약된 환경들을 하나님의 훈련 프로그램으로 생각하고, 그것이 우리가 예수님의 형상을 닮아 가는 데 도움을 주고 그분의 풍성하심을 누릴 수 있게 해준다는 사실을 알고만 있다면, 우리는 그곳으로부터 도피하기 위해 그처럼 애쓰지는 않을 것입니다. 그런데도 우리는 벗어나려고만 발버둥치고 있지는 않습니까? 우리는 돈을 빌린다, 전직을 한다, 어떤 관계를 단절한다 하면서 그 환경에서 벗어나려고만 합니다. 그렇게 해봤자 그것에서는 벗어날지 모르지만 곧바로 다른 제약된 환경 가운데 스스로 빠지게 되는 게 보통입니다. 왜 그러냐 하면 하나님께서 우리를 풀어 주실 수 있도록 하나님께 맡기지 않고 자기 힘으로만 벗어나려고 고집하기 때문입니다.

나는 창세기 16장의 하갈에 대한 기사를 읽을 때마다 도전을 받습니다. 하갈은 분명 매여 있는 종이었으며, 그가 스스로 선택해서 그렇게 된 것은 아니었습니다. 하갈은 애굽 태생의 천한 노예의 신분이었는데 사래가 아브람에게 주어 아이를 대신 낳게 했습니다. 하갈은 자의로 그것을 피할 수 없었습니다. 그런데 하갈은 임신을 하게 되자 그것을 인하여 아이를 낳지 못하는 사래를 멸시하다가 사래에게 학대를 받게 되었습니다. 그것이 자신에게는 너무나 가혹했기 때문에 하갈은 도망을 갔습니다.

그러나 무슨 일이 일어났는지 살펴보십시오! 천사가 우물곁에서 울고 있는 하갈을 발견했습니다. 천사는 먼저 그의 이름을 불렀습니다. 우리의 하나님께서는 얼마나 개개인에게 관심과 사랑을 가지신 분이십니까? 하나님께서는(또는 하나님께서 보내신 천사는) 우리를 부르실 때 항상 우리 한 사람 한 사람에게 관심을 갖고 친히 각 사람의 이름을 부르십니다. 천사는 "사래의 여종 **하갈아**"라고 불렀지 "우물곁에 있는 자여"라거나 "애굽인 종아" 또는 "울고 있는 여인이여"라고 부르지 않았습니다. "하갈아"라고 부를 때 그 어조도 부드러웠을 것이라고 생각합니다.

그러나 또 한편 천사는 "**사래의 여종** 하갈아"라고 부름으로써 그가 해야 할 일을 상기시켜 주었습니다. 천사는 "아름다운 애굽 여인이여, 장차 수많은 자손의 어미가 될 자여"라고 부름으로써 그를 격려해 줄 수도 있었겠지만 그렇게 하지 않았습니다. 그를 '도망자' 또는 '비겁한 여인'이라고 부름으로써 꾸짖을 수도 있었습니다. 그러나 그렇게 하는 대신 단순히 그가 지켜야 할 위치를 상기시켜 줌으로써 그가 그 직책을 수행치 않고 도피했다는 사실을 알게 해주었습니다.

그런 후 천사는 두 가지 질문을 했습니다. "네가 어디서 왔으며, 어디로 가느냐?" 하갈은 다만 "나는 나의 여주인 사래를 피하여 도망하나이다"라는 한 가지 대답밖에 하지 못했습니다. 물론 하갈은 다른 대답은 할 수도 없었습니다. 어디로 가는지에 대해서는 그 자신도 몰랐기 때문이었습니다. 사실상 하갈은 자기가 당한 일을 하나님께 말씀드리고 있었던 것입니다. 그 사실 너머의 것에 대해서는 생각을 할 수 없었습니다.

9절을 보면 "여호와의 사자가 그에게 이르되, '네 여주인에게로 돌아가서 그 수하에 복종하라'"라고 기록되어 있습니다. 하갈은 그 말을 듣고 싶지 않았을 것입니다. 그러나 천사는 이어서 하갈의 무거운 마음을 누그러뜨리기에 족한 격려의 말을 해주었습니다. 즉 그는 장차 아들을 낳게 될 것이며, 그 아들은 자라서 수를 셀 수조차 없는 많은 자손을 두게 될 것이라는 사실이었습니다.

그리하여 하갈은 되돌아가서 하나님께서 자기에게 명하신 대로 순종했습니다. 그 후 그 아들이 어느 정도 성장하게 되자 하나님께서는 하갈에게 떠나라고 명하심으로써 하갈은 그 아들과 함께 아브라함과 사라 곁을 떠나게 되었는데, 이때가 바로 하나님께서 그 어려웠던 환경에서 벗어나게 인도해 주시려고 계획하신 때였던 것입니다. 하갈은 그때에야 비로소 하나님께서 자기가 그 환경 가운데서 무엇을 배우기를 원하셨는지를 깨닫게 되었으리라고 믿습니다.

나도 살다 보면 어떻게 해서 무언가에 얽매이게 된 나 자신의 환경으로부터 벗어나 도망치고 싶을 때가 있습니다. 그러나 두 가지 사실이 나를 그렇게 하지 못하도록 막습니다.

첫째로, 하나님께서 내게 가르쳐 주기를 원하시는 것을 내가 배울 때에 그 환경을 변화시켜 주신다는 사실을 나는 알고 있습니다.

둘째로, 나 자신이 그 교훈을 배우기 전에 도망을 가면 그 교훈을 배우게 되기까지는 또 다른 매임을 당하게 되는 것을 피할 수 없다는 사실입니다.

무엇에 매이게 될 때 우리에게는 인내와 안위[격려]가 반드시 있어야 합니다. 로마서 15:4-6에서 우리는 그것을 어떻게 얻을 수 있는가를 알 수 있습니다.

무엇이든지 전에 기록한 바는 우리의 교훈을 위하여 기록된 것이니 우리로 하여금 인내로 또는 성경의 안위로 소망을 가지게 함이니라. 이제 **인내와 안위**의 하나님이 너희로 그리스도 예수를 본받아 서로 뜻이 같게 하여 주사 한마음과 한입으로 하나님 곧 우리 주 예수 그리스도의 아버지께 영광을 돌리게 하려 하노라.

우리를 얽매는 감옥으로부터 벗어날 수 있는 길, 또는 은혜로써 그곳에 남아 있을 수 있는 길은 성경 말씀을 통하는 길과 하나님 자신을 통하는 길이 있습니다. 우리는 지속적으로 그 길, 다시 말하자면 '기본적인 삶'으로 돌아가야 합니다. 우리가 하나님의 말씀 가운데 거할 때 하나님께서 친히 우리에게 은혜를 주셔서 인내할 수 있게 해주시고, 격려를 주셔서 소망과 연합이라는 최종 목표로 우리의 마음을 끌어올리시며, 하나님께 진정으로 영광을 돌릴 수 있게 해주십니다.

본장 첫머리에 소개했던 내 친구 도티는 이런 인내와 안위를 보인 좋은 예가 되는 사람입니다. 도티의 삶은 하나님을 찬양하는 한 편의 시와 같습니다. 극동 선교지를 떠나 귀국한 후, 하나님께서는 그 선교지 대신 도티가 살고 있는 곳에 유학 와 있는 여러 나라의 학생들을 대상으로 더욱 값진 선교를 할 수 있게 해주셨습니다. 이 선교는 도티에게는 이제까지 해외에서 할 수 있었던 어떤 선교 사역보다도 더욱 귀하고 효과적인 사역이라고 느껴졌습니다.

도티의 영혼은 성령의 다스림을 매우 잘 받아서, 그 아버지의 필요를 채워 드리기 위해서 자신이 거기에 얽매여야 한다고 느끼지 않았습니다. 도티는 하나님께서 모든 일을 다 돌봐 주시리라는 것을 믿고 아버지에게 매이지 않았습니다. 도티는 자기의 집을 선교 사역에 드릴 수 있게 된 것과 자신에게 하나님의 형상을 닮아 갈 수 있는 환경을 주신 것을 인하여 하나님을 찬양했습니다. 도티는 세계 곳곳으로부터 온 학생들에게 그리스도를 전할 수 있는 환경을 주신 데 대해 하나님께 감사하는 마음으로 가득 찼습니다.

인간적인 눈으로 볼 때 도티는 인간적 도리라는 감옥에 갇힌 것처럼 보였지만 하나님의 시야로 볼 때는 그렇지 않았습니다. 도티는 하나님께서 보시는 관점으로 볼 수 있을 만큼 하나님과 가까이 있었던 것입니다.

내 친구 마지가 마침내 자기가 처해 있는 환경이 사랑하시는 하나님의 손길 위에 놓여 있다는 것을 알고 그 사실을 받아들였을 때, 하나님께서는 그 환경을 바꾸어 주셨습니다. 마지는 지금도 직장에 다니고 있지만, 이제 직장은 새로운 활력과 성취감을 주는 곳이 되었고 자신의 스케줄에 융통성을 둘 수도 있게 되었습니다.

그리스도인들에게는 멋진 '도피 조항'이 하나 있습니다. "무슨 일을 하든지 마음을 다하여 주께 하듯 하고 사람에게 하듯 하지 말라. 이는 유업의 상을 주께 받을 줄 앎이니 너희는 주 그리스도를 섬기느니라"(골로새서 3:23-24).

나는 이 구절의 의미를 처음으로 깨달았던 때를 생생하게 기억하고 있습니다. 그것은 오래 전 우리 집 주방 바닥을 문질러 닦고 있을 때였는데, 나는 매우 좋지 못한 태도로 그 일을 하고 있었습니다. 그 주에 들어서서 세 번째로 그 일을 하고 있을 때였다고 생각됩니다. 그 당시 세 살 난 딸아이는 꼬마 친구들을 많이 데리고 와서 바닥에 발자국을 많이 내놓았고, 또 이웃 사람들이 우리 집에 자주 드나들었으며, 생활 훈련을 위해 우리 집에서 함께 살던 사람들도 있었고, 선교 사역을 위해 우리 집을 출입하는 사람들도 많아서 바닥이 자주 더러워졌습니다. 나는 무릎으로 앉아 중얼중얼 불평을 하면서 바닥을 문질러 닦고 있었습니다. 나는 그 일을 정말로 '주께 하듯' 하지 않고 있었습니다.

갑자기 성령께서 내 마음 가운데에 그 말씀을 생각나게 해주셨습니다. '제가 이 바닥을 문지르는 것도 주님께 하듯 할 수 있다는 말씀입니까? 이 일이 제가 해야 할 일이라서가 아니라 하나님을 섬기기 위한 일이기 때문이라는 말씀입니까?' 나는 속으로 그런 생각이 들었습니다. 하나님께서는 "그렇다. 올바로 생각했구나"라고 대답해 주셨습니다.

그 바닥을 닦는 데 대한 나의 태도는 전적으로 달라졌습니다. 마룻바닥을 닦는 것은 찬미의 제사가 되었습니다.

내 삶의 감옥이 되는 것들은 오직 내가 그것들을 방치해 둘 때만 내 삶의 배를 흔드는 파도가 될 것입니다. 내가 매일매일 해야 하는 일들과 내가 처하게 되는 상황들을 사랑의 하나님의 손길로부터 온 것으로만 본다면, 그렇게 보는 가운데서 매일매일 하나님께 찬미의 제사를 드리는 삶을 살 수 있다면, 내 삶 가운데 있는 모든 제약들을 통과할 때 나의 삶의 모난 구석들을 다듬고 성숙시키는 그 모든 과정 가운데에 하나님이 계시다는 사실을 전심으로 믿고 있다면, 결국 나는 나의 주님이시요 아버지 되신 하나님께 진정으로 영광을 돌릴 수 있게 될 것입니다.

적용을 위한 성경공부

1. 히브리서 12:1-17을 읽고 이 말씀 가운데 들어 있는 명령들을 다 적으십시오.

2. 히브리서 12:11을 당신 자신의 말로 쓰십시오.

3. 이 시점에서는 어떤 환경이 당신 자신을 얽매는 것입니까?

4. 이 제약에 대한 당신의 반응은 지금까지 어떠했습니까?

5. 이 제약 가운데 관여하고 계시는 그리스도를 적극적으로 그려 볼 수 있겠습니까?

6. 이것을 통해서 당신이 지금까지 배운 것은 무엇입니까?

7. 하나님께서 당신이 아직도 더 배우게 되기를 원하시는 것은 무엇입니까?

8. 하나님께서는 징계를 통하여 우리를 어떻게 훈련시키십니까?

8
큰 파도

얼굴에 따뜻하게 내리비치는 이른 봄날의 햇살이 눈부셔서 눈을 꼬옥 감았습니다. 산들바람이 부드러운 손길로 내 뺨을 어루만졌습니다. 나는 맥도널드 햄버거 집의 야외 테이블 위에 놓였던 콜라 잔을 들어서 바닥에 남은 얼음을 슬슬 흔들며 병원으로 되돌아갈 시간을 늦추고 있었습니다.

내 가까이 앉았던 낯선 사람이 나를 자세히 보았다면 내 모습은 그저 보통 사람이요, 근심이 좀 서린 정도로밖에는 보이지 않았을 것입니다. 그러나 만일 보이지 않는 어떤 큰 손이 마치 장갑을 뒤집듯이 내 마음속을 밖으로 드러내 놓을 수만 있었다면, 사람들은 내 마음속에 큰 태풍이 휩쓸고 지나간 황폐한 잔해만 남아 있는 것을 보고 큰 충격을 받았을 것입니다.

다행히 해일 같은 큰 파도는 대부분의 사람들의 마음 가운데 자주 일어나지는 않습니다. 그러나 일단 큰 파도가 생겨 괴물처럼 커지면 그것은 우리의 믿음의 기초를 강타하고 우리의 배를 뒤집어엎기까지 할 수 있는 무시무시한 힘을 지니게 됩니다.

나는, 큰 파도는 두려워하지 말아야 한다고 스스로에게 다짐해 왔습니다. 그 파도가 덮쳐서 나의 생의 배를 부서뜨리게 되기 전에 그리스도께서 해결해 주실 수 있을 것이요 또 해결해 주실 것이라고 믿었기 때문이었습니다. 나는 큰 파도 자체는 문제가 아니라고 거듭 거듭 상기해 왔습니다. 나를 위험 지경에 빠뜨리는 것은 매일같이 더불어 살아야 하는 작은 파도와 배에 난 틈입니다. 작은 파도는 끊임없이 내 뱃전을 두드리고 배에 난 틈으로는 끊임없이 물이 조금씩 새어 들어옵니다. 일상적인 면에서 그것은 사실입니다.

그렇긴 하지만 큰 파도가 수주일간 혹은 수개월간 일어나 점점 커지면 나는 빠져 죽을 것처럼 느끼게 되고, 실제로 빠져 죽기도 합니다.

어머니께서 뇌일혈로 돌아가신 지 두 달 후 여동생 조이가 심한 백혈병으로 입원했습니다. 초기 4개월간 심하게 앓고 난 후 하나님께서는 1년간 아주 많이 회복시켜 주셨습니다. 그 후 병은 다른 형태로 도져서 뇌막염으로 발전했습니다. 이어서 병은 썰매가 내리막길로 걷잡을 수 없이 미끄러져 내려가듯이 악화되어 의사들도 어떻게 할 수가 없는 지경에 이르렀습니다.

조이가 발병하고 나서 몇 달간 투병 생활을 할 때 그것을 통해서 하나님께서 내게 가르쳐 주신 것들은 **주여, 지혜를 가르치소서**라는 책에 쓴 적이 있습니다. 그러나 그 책의 원고는 조이가 회복기에 있을 때 탈고되었습니다. 그 한 해 동안 하나님께서는 기적적인 치유를 통하여 우리 모두에게 초자연적인 은혜를 풍성하게 내려 주셨습니다. 나는 조이의 죽음이라는 해일이 어디에선가 형성되고 있다는 사실을 알고 있었지만, 하나님의 은혜가 너무나 생생하고, 너무나 강력해서 당시에는 그 후에 따라올 전체적인 감정의 흐름을 느끼지는 못했습니다.

우리 식구들은 1978년 크리스마스를 결코 잊지 못할 것입니다. 조이는 8월에 병이 도졌고, 11월 초에 또 악화되었습니다. 화학요법이 일시적으로는 효과가 있는 것 같았고, 그 달 초부터 새로운 주사를 맞기 시작했습니다. 우리 모두는 전 가족이 콜로라도의 우리 집에 모일 수 있게 해주시도록 열심히 기도했습니다. 하나님께서는 그 기도에 응답하셔서 예약했던 항공사의 파업으로 그 회사의 전국 항공망이 마비되었지만 다른 항공사에 예약을 할 수 있게 해주셨고, 운항에도 이상이 없게 해주셨으며 (조이네 식구들은 폭설로 공항이 폐쇄되기 하루 전날 도착해서 다음 폭설이 내리기 하루 전날 비행기로 떠났습니다!), 조이가 사랑하는 모든 이들과 대화를 나누며 교제할 수 있도록 힘을 주셨고, 심한 메스꺼움을 멎게 해주셔서 음식을 함께 먹으며 즐길 수 있게 해주셨습니다. 물론 병 때문에 몸은 허약했고 대부분의 시간을 침대에 누워서 지내야 했지만, 그렇게 할 수 있었다는 것만도 기적이라는 것을 우리는 모두 알고 있었습니다. 우리는 가족들이 모두 함께할 수 있는 마지막 크리스마스를 뜻깊게 보낼 수 있었습니다.

새해 3월이 되어 딸인 멜로디의 결혼식이 있기 직전에 조이의 병은 또다시 악화되었습니다. 나는 그 결혼식에 조이가 참석하지 못할 줄 알고 비행기로 그곳에 가서 결혼식이 원만하게 잘 진행될 수 있도록 거들어 주기로 했습니다. 조이는 침대에 누운 채로 거실로 옮겨져서 선물과 하객들에 둘러싸여 까르르 터뜨리는 웃음과 왁자지껄한 이야기 소리에 고통과 아픔을 간간이 잊고 있었습니다. 조이는 극도로 쇠약한 상태였지만 자기 딸의 결혼식에 참석하기로 결심했습니다. 그렇게 했을 때 하나님께서는 조이에게 힘을 주셔서 예식이 시작되기 30분 전에 옷을 입을 수 있도록 해주셨습니다. 화학요법 때문에 아름답던 그 머리털이 다 빠져 버렸지만, 미용사였던 한 친구가 조이의 머리와 아주 흡사한 가발을 마련해 와서 그게 진짜 머리인지 아닌지를 구별할 수 없을 정도로 감쪽같이 꾸몄습니다. 하나님께서는 조이를 온통 뒤틀리게 하던 그 구역질을 멎게 해주셔서 조이는 신부의 어머니로서 고개를 똑바로 들고 식장의 통로를 조용히 걸어 들어갔습니다. 기념 촬영이 끝나자마자 조이는 침대로 되돌아왔습니다. 하지만 그날 있었던 일을 나보다도 더 자세히 기억하고 있었습니다. 몸은 쇠약했지만 정신은 말짱했던 것입니다.

이틀 후 몹시 심한 통증 때문에 다시 병원에 입원하게 되었습니다. 그 통증은 주사를 맞으면 부분적으로는 가라앉곤 했습니다. 2주일 후 병세가 누그러져서 집으로 돌아올 수 있게 되었습니다. 우리는 다시금 통증이 없어지고 약한 몸이 회복되기를 기대했습니다.

5월 중순에 남편과 나는 1년 전부터 계획해 왔던 10주간의 해외 선교 여행을 떠나게 되었습니다. 우리는 그런 기회가 생긴 것을 기뻐했고, 하나님의 뜻으로 믿었습니다. 그러나 그 기회는 조이가 퇴원한 후 하늘나라로 갈 때 나를 거기에 있지 못하게 하려고 하나님께서 계획한 것도 된다는 사실을 그 당시에는 생각도 할 수 없었습니다. 나는 하나님께서 조이를 회복시켜 주셔서 몇 달 동안은 컨디션을 좋게 해주시든지 우리의 여행이 시작되기 전에 조이를 주님 곁으로 데려가실 것이라고 굳게 믿었지만, 하나님께서는 그렇게 하시지 않았습니다.

나는 5월 초에 조이를 만나러 비행기 편을 이용하여 집으로 갔습니다. 상태는 급격히 나빠지고 있어서 무슨 도움이라도 줄 수만 있으면 하고 마음 졸였습니다. 깨어 있는 시간에는 누군가가 병실에서 조이를 도와주어야 했습니다. 때로 조이는 너무나 힘이 약해져서 간호사를 부를 힘조차 없었기 때문입니다. 조이는 너무나 힘이 없어서 혼자서는 무엇을 먹을 수 없을 때도 많았습니다. 그 남편과 딸이 낮에는 직장에 나갔기 때문에 내가 아침 일찍 병실에 가서 아침 먹는 것을 도와줄 수 있었던 것을 하나님께 감사했고, 통증과 구역질로 정신을 차릴 수 없을 때는 조이를 붙들고 기도해 줄 수 있다는 것이 그래도 고마웠고, 주사를 맞고 잠시 고통에서 벗어나 잠이 들 때에는 조용히 그 곁에 앉아 있어 줄 수 있다는 것만으로도 다행이라는 것을 느꼈습니다.

나는 그렇게도 심한 고통에 시달리는 사람을 일찍이 본 적이 없었고, 또 한 사람을 그렇게 정성스럽게 돌본 적도 없었습니다. 나는 조이와 고통을 함께 나누고 싶었습니다. 그런 생각을 너무 하다 보니 때로는 통증을 없애 주실 수도 있는 하나님께서 왜 조이만은 그냥 버려두시는가 하는 생각에 하나님을 원망하고 싶은 마음도 생겼습니다. 그러나 그렇게 하지는 않았습니다. 나는 조이를 하나님 곁으로 데려가 주시기를, 그리하여 그 고통을 벗어나게 해주시기를, 무언가를 해주시기를 매일같이 하나님께 부르짖었습니다.

그러면서 고난에 대한 책들을 읽어보았습니다. 조이스 랜돌프의 **애가**는 위로가 되었습니다. 첫 두 장은 너무나 침울하여 처음에는 치워 버렸다가 나중에 하나님께서 주신 특별한 시간에 다시 읽었습니다. C. S. 루이스의 책을 읽고서는 영적인 거인이라도 자기의 고통과 슬픔을 때때로 하나님 앞에 부르짖고 쏟아놓는다는 사실을 알게 되었습니다. 필립 얀시의 **고통과 섭리**와 조니 이어렉슨 및 스티브 이스트의 간증이 들어 있는 책은 새로운 시야를 갖게 해주었습니다. 하지만 나는 여전히 물속에 잠겨 있는 것 같았고 내 감정은 제어할 수가 없었습니다.

그 당시에는 그 감정들을 조금이나마 글로 쓰는 것이 내 마음의 치료법이었습니다. 나는 그것들을 누구에게 나누고 싶은 의도는 없었지만 나 자신에게 닥쳐왔던 해일을 설명하기 위해서 조이가 아플 때 썼던 것을 일부 소개하고자 합니다.

1979년 4월 26일

얼마간 나는 갈등했고 마음 상했으며 방황했다. 하나님의 무한하신 사랑에 비추어 볼 때 조이의 고통과 오랜 고난이 왜 있어야 하는가에 대한 정신적인 번민에 시달렸다. 지난 밤 하나님께서는 리더스 다이제스트에 실린 기사 '전쟁과 회고'라는 글을 통하여 나의 이해에 한줄기 깨달음을 주셨다.

그 기사 가운데는 어느 불가지론자인 유대인 선생이 독일 사람들에게 붙잡혀 투옥될 때 다시 신앙을 갖게 되는 이야기가 나온다. 수천 명의 동족들이 배로 옮겨져 미지의 운명을 향해 항해할 때 그는 그들에게 욥의 이야기를 들려주었다. 하나님과 사탄이 주고받은 대화와 그에 잇단 욥의 고난을 이야기한 후 그 유대인 선생은 계속해서 이런 이야기를 들려주었다.

욥을 위로하러 온 자들은 전능하신 하나님께서 우주를 다스리고 계시기 때문에 거기에는 이치가 있다는 사실을 계속 주장했습니다. 그러므로 욥이 고난받고 있는 것은 그가 범죄했기 때문이라는 것이었습니다. 아직 밝혀지지 않고 있는 것은 다만 그가 무슨 범죄를 했느냐 하는 문제일 뿐이라고 했습니다.

욥은 점점 치열해지는 논쟁 가운데서 그들의 주장에 맞서서 싸웠습니다. 그는 아직 밝혀지지 않고 있는 부분은 자신이 숨기고 있는 것이 아니라 하나님께서 밝히지 않고 계시다고 주장했습니다. 그도 그 친구들만큼은 믿음이 있었습니다. 그 역시 전능자가 계시다는 것을 알고 있었고, 우주에는 이치가 있다는 것도 믿었습니다. 그러나 이제 그는 모든 일이 언제나 이치에 닿는 것만은 아니라는 사실을 알게 된 것입니다. 선행에 대하여 선한 보상이 이루어진다는 보장은 없다는 것, 이생에서는 매우 불공평한 부분도 있다는 것을 알게 된 것입니다. 그의 신앙은 자신의 무죄함을 주장해야 했습니다. 자신이 무죄함에도 불구하고 까닭 없이 고난을 받는다고 주장한다면 그는 전능자가 한 사람을 누더기처럼 만들 수 있다는 것을 인정해야 할 것이요, 하나님께서 그렇게 하실 수 있다면 온 우주가 누더기일 것이요, 그분은 더 이상 전능하신 하나님이 아닌 것입니다. 욥은 그 사실을 절대로 인정할 수 없었습니다. 그는 대답을 듣고 싶어 했습니다.

그는 그 대답을 들었습니다! 하나님께서 드디어 폭풍 가운데서 친히 말씀하셨습니다. "무지한 말로 이치를 어둡게 하는 자가 누구냐? 네가 뉘기에 내가 어떤 일을 왜 하는지, 어떻게 하는지 알려고 한단 말이냐? 내가 만물을 창조할 때 네가 거기에 있었느냐? 존재하는 것들의 끝없는 신비를 네가 이해할 수 있겠느냐? 하루살이 같이 살다가 갈 너 벌레 같은 인생이여."

욥은 마침내 승리했습니다! 하나님께서 욥의 의문점을 인정하신 것입니다. **모르고 있던 부분은 하나님께 달려 있는 것입니다!** 하나님께서는 욥의 이해를 넘어서는 이유를 가지고 계시다고 주장하십니다.

그 말이 네온사인처럼 번쩍 빛나는 것 같았다. "모르고 있던 부분은 하나님께 달려 있다!" 내 삶 가운데도 모르는 부분, 곧 하나님의 방식에 관하여 내가 이해하지 못했던 것들이 수없이 있어 왔다. 그러나 거의 대부분의 경우 그런 일을 겪고 난 후에는 하나님께서 나 자신의 삶이나 다른 사람의 삶 가운데서 '왜'에 대한 답과 이유를 희미하게라도 비춰 주셨다. 내가 계속해서 찾으려고 노력해 왔던 거대한 숨은 부분이 또 하나 있었다. "그게 어디에 있습니까, 하나님?" 나는 부르짖었다.

하나님께서는 이렇게 대답하셨다. "얘야, 그건 바로 여기 내 손에 있단다. 넌 그것에 대해 날 믿을 수 있겠느냐?"

하나님께서는 내 마음 가운데서 행하셨던 깊은 일들에 대하여 좀 더 밝은 이해의 빛을 장차 번쩍 비춰 주실 수도 있으리라고 생각한다. 하나님께서는 이 고난을 통하여 하나님께 감동을 받은 사람들을 내게 나타내 주실지도 모른다. 그러나 이제 나는 숨겨졌던 부분이 하나님께 속해 있다는 것을 안다!

큰 파도

그리고 물론 나는 그것에 대해 하나님을 의뢰할 수가 있다.

1979년 5월 1일
오 아버지시여,
아버지의 음성을 들을 수 없는 것 같습니다.
그 소리가 너무나 멀고 희미합니다.
내 믿음은 마음속에서 산산이 부서져
황무지에 버려졌습니다.

사랑하는 아이야,
흔들리고, 믿지 못하고, 희미하게 들을 수밖에 없는
그 마음을 내게 맡겨라.
내가 그 황무지 위에 다시 세워 주리라.

나를 믿어라.
계속 나만 믿어라.
나를 믿어라.
나를 믿어라.

1979년 5월 10일 조이의 병실에서
하나님께서 방금 신선한 비를 뿌려 대지의 얼굴을 씻기셨다. 갈색 돌집과 오솔길을 배경으로 향기로운 눈물방울들이

라일락꽃에 조롱조롱 매달려 있다. 잿빛 구름 사이로 파란 하늘이 다시 비치고, 그 사이로 해님이 잠깐 잠깐씩 얼굴을 내밀고 그 손길로 창문을 어루만진다.

딱딱한 병실 안에서 난 동생의 괴로운 숨소리를 듣는다. 주사를 맞고 나서 분명치 않은 발음으로 뭔가를 중얼중얼하다가 반수면 상태로 들어간다. 이 몇 분간이라도 통증을 벗어날 수 있는 처방이 있으니 다행이다.

내 마음속은 찢겨 피가 흐르지만 한편으로는 위로를 받고 힘을 얻기도 한다. 이중적인 감정이 날 피곤하게 만든다. 아, 너무 피곤하다.

내일이면 난 동생 곁을 떠난다. 이제 다시는 이 땅에서 동생을 볼 수 없을지도 모를 슬픈 현실에 부딪힌다. 의사 선생님은 동생이 갑작스럽게 숨을 거둘 수도 있고, 몇 주나 몇 달까지 더 살 수도 있을 거라고 말씀하신다. 우리의 해외여행은 나흘 후에 시작된다. 하나님께서 그런 계획을 가지고 계셨다는 사실에 대해 마음 한편으로는 큰 평안을 느낀다. 게다가 내가 여행을 떠나게 되는 것은 하나님께서 원하시는 것이 아닌가. 동생 부부는 내게 떠나기를 강권했다.

또 한편 마음으로는 실망을 느끼면서 울고 있다. 그 마음은 나를 고소하고 있다. "동생을 버리고 떠나려는 자여! 어떻게 그럴 수 있느냐? 조이가 야위고 약한 손을 내밀며 '언닐 사랑해'라고 한 말을 기억해라. 너도 같은 말을 해주지 않았느냐?

큰 파도

조이는 '난 이제 말도 잘 못하겠어. 움직이는 것도 마음대로 못해. 누가 여기 있어 줬음 좋겠어'라고 말했었지. 그런데 넌 여기 있어 줄 수 없단 말이지? 조이가 통증으로 시달릴 때 서늘한 물수건으로 머리를 식혀 주지도 못하다니. 여기 머무르면서 조이가 필요로 하는 시중을 들어 줄 수도 없다니. 여기 있을 수 없다니!"

오만 가지 의문이 다 날카로운 바늘처럼 내 마음을 찔렀다. 왜 그래야 하는가라는 의문이 제일 크게 찌른다. 의사 선생님은 "상태가 악화되고 있다"라고 세 번이나 말씀하셨다. 세 번이나 와서 조이 곁에 앉아 도와주려고 작은 노력을 해왔다. 그러나 이제는 떠나야 한다. 그렇다. 동생을 사랑하는 그 남편과 딸과 그 친구들의 능숙한 손에 동생을 맡긴다. 하지만 난 떠나야 하는 것이다.

왜 그래야 합니까, 주님? 어머니를 데리고 가실 때 그처럼 완벽하게, 인자하게 시간을 잘 맞추어 주셨는데, 조이가 주님께로 돌아갈 때에는 왜 제가 작별 인사를 할 수 없게 하십니까? 하지만 제가 여기에 없는 동안 조이를 혼자 버려두지 말아 주십시오. 오 주님, 그렇게는 하지 말아 주십시오. 주님! 지금까지 받은 고난만 해도 너무 길었습니다. 조이를 이 괴로운 세상에서부터 옮겨 주시기를 간절히 기도합니다. 제가 다시 돌아와서 작별을 할 때까지 조이를 버려두지 마시고 오히려 평화와 찬송과 웃음이 가득 찬 하늘나라로 먼저 데려가 주시옵소서.

오 하나님.

제가 한 질문들과 노한 마음에서 때때로 발한 분노를 참아 주신 것을 감사합니다. 주님을 향하여 분노에 찬 질문들을 퍼붓고 던졌는데도 저를 사랑해 주시니 감사합니다. 저의 반석이 되시고, 요새가 되시며, 방패가 되시고, 도움이 되시며, 마지막 날에는 저를 데려가 주실 분이시며, 또한 조이를 하늘 나라로 옮기실 주님께 감사하옵나이다!

내가 내 생애에서 행하여야 했던 가장 힘든 일은, 조이에게 간 지 사흘 만에 해외여행 준비를 하려고 귀향 비행기를 타야 했기 때문에, 그날 아침 조이에게 작별 인사를 하지 않을 수 없었던 일이었습니다. 병원을 떠나기 전에 하나님께서는 암병동에 근무하는 모든 간호학생들과 간호사들에게 하나님의 말씀을 나눌 기회를 주셨습니다. 그들은 조이에게 임박한 죽음을 어떻게 하면 마음속으로 받아들일 수 있게 해줄 수 있는지 말해 달라고 요청했습니다.

내 생각은 너무나 혼란이 되어 있어서 무엇을 말해야 할 것인가를 생각하면서 필사적으로 "주님, 도와주십시오"라고 부르짖을 수밖에 없었습니다. 하나님께서는 즉시 할 말을 생각나게 해주셨습니다. "그런즉 믿음, 소망, 사랑, 이 세 가지는 항상 있을 것인데 그중에 제일은 사랑이라"(고린도전서 13:13). 잠깐 동안에 하나님께서는 해야 할 말의 개요를 주셨을 뿐만 아니라, 거기에 붙여 말할 내용까지도 생각나게 해주셨습니다. 그래서 나는 조이가 잠든 틈을 타서 병실을 나와 그 간호사들과 간호학생들에게 조이와 그 가족들이 조이의 죽음을 맞이할 수 있는 유일한 길이라고 생각되는 것을 말해 주었습니다.

나는 그들에게 고린도전서 13:13에 나타난 진리로 인하여 죽음을 받아들일 수 있다고 말했습니다. 우리는 무엇보다도 먼저 우리의 **믿음**을 인하여 죽음을 정면으로 바라볼 수 있습니다. 그 믿음은 일반적인 믿음이 아니라 구체적인 믿음이요, 종교가 아니라 한 분 예수 그리스도께 대한 믿음인 것입니다. 조이와 나는 기독교 가정에서 자라났지만 하나님과의 직접적 관계가 아닌 간접적 관계는 중요하지 않다는 것을 알았습니다. 직접적인 교제가 아니면 아무 소용이 없었습니다. 우리는 죄 때문에 하나님과 분리되어 있다는 사실을 알고 있었습니다. 친자매 간에 얼마나 많이 싸웠던지 그것만 보더라도 우리가 하나님의 온전하심과는 거리가 멀다는 것을 알고도 남음이 있었습니다. 하지만 하나님께서는 사랑 가운데서 하나님과의 교제를 회복할 수 있는 길을 주셨습니다. 하나님께서는 공의로우시기 때문에 죄를 인해서는 죽음의 선고를 내리셨고, 그런 후 사랑으로 말미암아 주님 자신이 바로 그 죄의 값을 지불하셨다는 사실을 우리는 알았습니다(로마서 3:23, 6:23, 5:8 참조). 예수 그리스도께서 – 곧 하나님 자신이 – 우리가 받아야 할 형벌을 대신 받으셨던 것입니다. 우리 두 사람은 예수님의 은혜를 받아들이든지 거절하든지 하는 것이 우리 자신들의 선택에 달려 있다는 사실을 분명하게 깨달았습니다. 우리는 우리 죄에 대한 심판을 받지 않는다는 사실을 이해하게 되었습니다. 그리스도께서 우리의 과거, 현재, 미래의 모든 죄를 대신해서 죽으셨다는 사실을 알게 되었기 때문입니다. 우리는 죄를 지니고 태어났지만 그리스도께서 그 죄를 다 지셨기 때문에 우리의 **상태**에 관계없이 우리가 그리스도의 희생을 받아들이기만 하면 심판을 면한다는 사실을 알았습니다.

조이는 어릴 때 그 결정을 내리고 그리스도를 마음에 영접했습니다. 주님을 영접함으로써 조이는 그 믿음으로 인하여 하나님의 자녀가 되었습니다. 그래서 우리는 개별적인 관계를 맺는 분이시요, 살아계시고 사랑하시는 하나님 안에서 믿음을 가지고 있었으므로 조이의 병과 다가오는 죽음을 받아들일 수 있었습니다.

나는 간호사들에게, 왜 하나님께서는 그런 고난을 허락하시는가에 대한 의문이 많이 있겠지만, 하나님께서는 그 모든 의문들에 대한 답을 알고 계시다고 말하고, 하늘나라에 가기 전에라도 하나님께서는 그 숱한 '왜'라는 의문들에 대한 답을 알게 해주실 수도 있다고 이야기해 주었습니다.

우리에게는 **소망**도 있습니다. 그저 막연히 어떻게 되기를 바라는 정도의 희망이 아니라, 이생은 진정한 생인 영생으로 들어가기 전의 지극히 작은 한 부분이라는 것을 알고 영생을 바라보는 소망이 있는 것입니다. 지상에서의 삶은 영생을 위한 훈련장입니다. 조이가 죽으면 조이의 생은 그것으로 끝나는 것이 아닙니다. 몸의 기능만 잠시 중지될 뿐입니다. 이별은 잠시뿐이라는 것을 알면 소망을 가질 수 있습니다.

마지막으로 나는 우리가 오늘날 생을 살아갈 수 있는 것은 **사랑** 때문이라고 말해 주었습니다. 가족의 사랑, 친구의 사랑, 섬김의 아름다운 모습을 보여 주는 간호사들의 사랑입니다. 나는 그들이 조이와 그 가족과 나를 친절과 사랑으로 돌봐준 데 대해 개인적으로 감사할 수 있었습니다. 또한 그것이 우리가 조이의 투병 생활을 돕는 데 큰 힘을 주었다고 말해 주었습니다.

나는 이런 말로 끝을 맺었습니다. "그러나 이것들 중에서 제일은 사랑입니다." 용서, 돌보심, 용납, 그리고 영원히 변치 않고 썩지 않는 유업으로까지 확장되는 하나님의 사랑은 조이와 나, 그리고 그리스도를 영접함으로써 영생을 얻게 된 하나님의 모든 자녀들을 위해 하늘나라에 예비되어 있다고 전해 주었습니다. 조이의 병실로 돌아오자 약하디 약해진 조이는 내가 무슨 말을 했으며 간호사들의 반응은 어떠했는가를 듣고 싶어 했습니다. 조이는 사람들을 그리스도께로 이끄는 일을 위하여 자신의 질병을 다시 한 번 사용하신 것을 기뻐했습니다. 우리는 함께 기도하고, 내가 여기서 그를 다시 못 보게 되면 하늘나라에 가서 만나게 될 거라고 하면서, 하늘나라에 먼저 가거든 어머니와 아버지를 내 대신 반갑게 포옹해 드리라고 말했습니다. 나는 동생에게 작별의 포옹을 하고 병실을 걸어 나왔습니다.

나는 눈물을 흘리며 이 글을 쓰고 있습니다. 그때 일은 생각만 해도 눈물이 납니다.

간호사들에게 나눈 말은 한 마디 한 마디가 다 사실이었습니다. 그러나 비행기에 올랐을 때부터 나는 마치 얼굴을 고통의 진창에 처박아 코와 입과 눈과 귀에 오물이 가득 차고 그것을 크게 꿀꺽 삼켜 이제 그 오물이 몸의 세포 하나하나마다, 마음속 깊숙이, 영혼에 이르기까지 퍼져나가는 듯한 감정을 느꼈습니다. 나는 고통에 숨이 막히고, 극도로 메스꺼워져서 마침내 아무 소리조차 지를 수 없게 되었으며, 눈물도 기도도 나오지 않았고, 아무것도 할 수 없게 되었습니다.

극심한 절망 가운데서 나는 마음속으로 하나님께 부르짖었습니다. "오, 주님. 어디 계십니까? 도와주십시오."

그러자 주님께서는 단 한마디로 말씀하셨습니다. "맡기라."

나는 속으로 소리쳤습니다. "맡기라고요? '맡기라'는 건 무슨 뜻입니까?"

주님께서 내 마음속에 똑똑하게 말씀하시는 소리가 들렸습니다. "내가 치료하도록 맡기라. 내가 부서진 조각들로 다시 붙여서 온전케 하도록 내게 맡기라. 내가 너에게 평안을 주겠다. 내가 너에게 믿음을 주겠다. 내게 맡기라. 맡기라."

'맡기라'는 뜻이 들어 있는 성경 말씀들이 캄캄하던 내 마음을 번개처럼 번쩍 비추었습니다. "그리스도의 평강이 너희 마음을 주장하게 하라"(골로새서 3:15). "그리스도의 말씀이 너희 속에 풍성히 거하여"(골로새서 3:16). "또 약속하신 이는 미쁘시니 우리가 믿는 도리의 소망을 움직이지 말고 굳게 잡아"(히브리서 10:23). "그러므로 우리가 긍휼하심을 받고 때를 따라 돕는 은혜를 얻기 위하여 은혜의 보좌 앞에 담대히 나아갈 것이니라"(히브리서 4:16).

계시가 온 순간이었습니다. 나는 그때까지 일어났던 일을 명확히 알 수 있었습니다. 마음 한편에서는 줄기차게 도우심과, 위로하심과, 지속적인 은혜를 주시기를 부르짖으면서도 다른 한편에서는 동생을 괴롭힌다고 하나님께 따지고 있었던 것입니다(그 당시에는 그렇게 생각했던 게 사실이었습니다). 나는 나도 모르게 하나님께 따지고 듦으로써 하나님께서 나를 위로하시지 못하게 방해하고 있었던 것입니다. 나는 속으로 '조이가 저렇게 아픈데 어떻게 내가 위로를 받을 수 있단 말인가?'라고 속삭이고 있었습니다. 그 사랑에 반응을 보이지 못하게 했던 것입니다.

이제 주님께서 "맡기라"라고 말씀하고 계시며, 나는 그 말씀의 뜻을 명확하게 알았습니다. 나는 소리 없이 부르짖었습니다. "오, 주님. 고통과 슬픔으로 인한 분노와 주님을 향한 이 분노의 벽을 주님께서 허물어 주시옵소서. 저를 치료하여 주시옵소서. 주님께서 말씀하신 대로 주님께 맡깁니다."

그 순간 하나님께서는 나를 그토록 오랫동안 위협해 왔던 큰 파도를 향하여 명하셨습니다. 그 음성이 똑똑히 들렸습니다. "잠잠하라! 고요하라!" 그러자 일어났던 큰 파도는 언제 그랬냐는 듯이 가라앉고 물방울 하나 튀기지 않는 잔잔한 바다로 변했습니다.

그제야 그걸 느꼈습니다. 주님께서 주시는 기쁨의 샘물이 아주 약하지만 분명히 마음속 어디에선가 퐁퐁 솟아올랐습니다. 몇 달 동안 잊고 있었지만 때가 이르면 온 마음속에 기쁨의 샘물이 다시금 생생한 리듬으로 펑펑 솟아오를 것을 알았습니다. 비록 슬픔의 그림자가 컵 언저리에 어른거리긴 해도 나는 계속되는 여행을 하는 동안 매일매일 기쁨의 샘물을 떠 마실 수 있었습니다. 하나님께서는 내가 그분께 맡길 때 그렇게 할 수 있도록 내게 힘을 주시곤 하셨습니다.

우리의 여행이 2주일째 접어들어 독일 슈투트가르트에 있을 때 우리 딸 린이 국제 전화로 현충일에 조이가 퇴원을 했다고 알려 주었습니다. 하나님께서는 동생의 남편 프레드와 아들 마이크, 그리고 딸 멜로디에게 조이와 함께할 수 있는 특권을 주셨던 것입니다. 조이가 비록 혼수상태이긴 했지만, 세 사람은 조이를 둘러서서 아침 내내 기도하며 찬송을 했습니다. 오후 1시 반경 그들이 '할렐루야' 찬송을 마쳤을 때 조이는 하늘나라로 갔습니다.

내가 그 자리에 있지는 않았습니다. 조이의 추모 예배가 있던 날 남편과 나는 가나의 어느 고원에서 부부들에게 말씀을 전하고 있었습니다. 하나님께서는 내게 미소를 지을 수 있는 힘을 주셨습니다. 2주 반 전에 비행기로 귀가하는 길에 하나님께서 내 마음속에 친히 '평안'을 주셨기 때문입니다.

나는 큰 파도가 밀려올 때 일어나는 몇 가지 일을 배웠습니다. 거대한 파도가 위협을 할 때 무엇을 해야 하는가를 돌이켜 볼 때 몇 가지가 마음속에 떠오릅니다.

우리가 미리 경고를 받는다면 준비를 합니다. 물론 벗어날 수 있다면 그 길에서 벗어납니다. 그러나 그럴 수 없다면 배 안의 해치를 꼭 걸어 잠그고 배를 튼튼하게 하며, 바다에 닻을 내립니다. 미리 경고를 받지 않았을 경우 - 인생의 큰 파도는 우리가 조이의 경우에 받았던 것과 같은 경고가 없이 갑자기 밀어닥치는 경우가 대부분입니다 - **우리는 끊임없이 준비된 상태에 있어야 합니다.** 배를 늘 튼튼하게 유지하고 수리해 두어야 합니다. 이제 우리는 우리 자신을 영적으로 어떻게 준비합니까?

내게 늘 도전을 주어 온 말이 있는데, "지금 하고 있어야 나중에도 할 수 있다"라는 것입니다. 지금 현재 그런 삶을 살아야 나이가 들어서나 어려움이 있을 때도 그런 삶을 살 수 있다는 말입니다. 말씀과 기도의 사람이 되며, 하나님과 긴밀하게 동행하는 사람이 되고 싶습니까? 현재 그런 삶을 살고 있다면 10년 후에도 그런 삶을 살기 쉬울 것입니다. 그러므로 나는 하루라도 하나님의 말씀을 읽고, 공부하고, 암송하고, 묵상하는 것을 거를 수 없습니다. 내가 장차 예기치 않게 닥쳐올지도 모를 역경을 미리 준비하는 것은 바로 이 방법을 통해서입니다. 비행기 안에서 하나님께서 내 생각 가운데 떠올려 주신 것은 암송을 통하여 준비되어 있던 것의 일부였습니다.

파도가 때릴 때 우리는 살기 위한 노력을 합니다. 물 위에 계속 떠 있으려고 노력하고 배가 부딪혀 깨질 우려가 있는 암초나 바위는 없는지 살피는 것입니다.

내게 폭풍이 맹렬하게 휩쓸 때에는 생존 자체 – 즉 주로 믿음의 보존 자체 – 가 문제될 때도 있었습니다. 선하신 하나님께서 조이를 그런 식으로 고통받게 하실 수 있는가를 믿기가 어려웠습니다. 어느 날은 조이의 병실에 앉아서 조이의 상태 때문이라기보다는 오히려 나의 두려움과 의심 때문에 울었던 생각이 납니다. 하나님께서는, 다윗이 시편에서 "하나님의 선하심을 헤아렸다"는 사실을 상기시켜 주셨습니다. 그래서 나는 두 시간 정도 기도하면서 하나님께서 우리에게 베풀어 주셨던 모든 선한 일에 대하여 묵상했습니다. 지난날들에 하나님께서 기도에 대한 응답으로 주셨던 굉장한 것들, 하나님께서 우리를 고통으로부터 구해 주셨던 그 모든 시간들을 회상했습니다. 그제야 나는 하나님께서 선하시다는 결론을 내릴 수 있었습니다! 또한 숨겨져 있던 거대한 부분인 **왜?**라는 의문에 대한 대답은 전적으로 하나님의 손 안에 맡겨 두어야 했습니다. 나는 그것을 이해할 수는 없었지만 하나님을 의지할 수는 있었습니다.

폭풍이 지나가고 나면 파도가 가라앉을 것을 기다립니다. 해외여행에서 돌아온 후, 비록 하나님께서 마음의 상처에 대한 일차적인 치료는 해주셨지만, 나는 두려움을 느끼게 하는 어떤 현상을 겪게 되었습니다. 감정이 우유부단해져서 아무 때나 눈물을 흘리는가 하면 어떤 때는 무감각해져 버렸습니다. 무감각해져 버리는 것은 질색이었습니다. 그것은 하나님과의 교제에 들어가는 것을 방해하기 때문이었습니다. 경건의 시간을 가져도 감정이 고양되지 않았습니다. 그저 형식적으로 시간만 보낼 뿐이었습니다.

어떤 친구는 내가 무감각해진 것은 사탄의 공격 때문일 거라는 식으로 말했습니다. 또 다른 친구는 그것이 마음의 상처를 보호해 주기 위한 딱지의 일종으로 느껴진다고 했습니다. 솔직히 말해서 내가 왜 그렇게 되었는지에 대해서는 지금도 알 수 없습니다.

그러나 그런 현상은 점차적으로 사라져 가고 있습니다. 성경 공부를 할 때면 마음에 활기가 차기 시작합니다. 요즘 나의 즐거움은 더 지속적으로 퐁퐁 솟아오릅니다. 파도가 가라앉는 데는 시간이 걸릴 따름입니다.

파도가 가라앉은 다음 우리는 뒤엉킨 것들을 정리합니다. 다시 말하면 하나님에 대하여 뒤틀렸던 개념들을 제거하고 폭풍이 몰아치는 동안 수면에 다시 떠오름으로써 배우게 된 불완전한 교훈들을 걸러내게 되는 것입니다. 내 삶 가운데는 매우 눈에 익은 듯이 보이는 조각들이 많이 있었습니다! 나는 거듭거듭 자신에게 물어 보아야 했습니다. "캐롤, 너는 작년에, 십 년 전에, 아니면 이십 년 전에 그걸 배우지 않았느냐? 그런 것들을 반복해 가며 배워야만 하겠느냐?"

대답은 "그렇다"는 것입니다.

나는, 우리가 배움을 통하여 점차적으로 성장하며, 매번 같은 것을 거듭 배우게 된다고 해도 배울 때마다 조금씩 수준 높은 교훈들을 익히게 되는 것이라고 생각해 왔습니다. 어느 면에서는 옳은 말입니다. 그러나 내가 그리스도를 아는 지식에서 자라가고 있다면 해마다 똑같은 문제를 가지고 갈등을 하지는 말아야 할 것입니다.

분별과 이해의 면에서 성장해 가는 방식에 대해 어느 친구가 든 예가 설명에 도움이 되었습니다. 그가 설명한 바에 따르면, 배운다는 것은 카메라의 셔터가 열려 있는 그 시간 동안 빛이 들어오는 것과 같다고 했습니다. 셔터는 열려서, '아, 보인다' 하는 순간 닫혀 버립니다. 다시 사진을 찍을 때 셔터는 또 열리지만 순간적으로 또 닫힙니다.

배우는 것, 혹은 성장하는 것은 셔터가 열려 있는 시간을 좀 더 길게 하고 매번 열릴 때마다 좀 더 똑똑히 보는 과정입니다. 그러므로 '아, 내가 드디어 빛을 보았다. 이젠 그 문제를 어떻게 다루는가를 평생 잊지 않겠어'라고 생각하지 말고, '카메라 렌즈의 교훈'을 배우고, 잠시 진리를 잊었을 때 자책하지 말아야 할 것입니다. 우리는 다음번에는 셔터를 조금 더 오래 열어 주셔서 좀 더 자세히 보고 셔터가 열릴 때마다 초점을 좀 더 분명하게 맞출 수 있게 해주시도록 기도해야 할 것입니다.

나는 '찬미의 제사'(히브리서 13:15 참조)에 대해 알고 있었으며, 주어지는 모든 환경 가운데서 하나님께 그 제사를 어떻게 드려야 하는가도 알고 있었습니다. 그것에 대해 책도 썼고, 설교도 했으며, 분명하게 믿고 있습니다. 그러나 동생의 고통을 보았을 때 그 교훈에 대한 셔터는 정말로 꽉 닫혀 있었습니다. 환난 중에 즐거워하라는 구절을 암송할 수도 있었고, 우리가 받는 어려움들은 우리를 단련시켜 정금같이 나오게 한다는 감명 깊은 설교를 할 수도 있었습니다. 감사의 중요성은 내가 오래 전에 배웠던 귀중한 교훈이기도 했습니다. 그러나 조이가 고난을 받던 그 몇 달 동안 감사를 실생활에 적용한 일은 거의 없었습니다. 내게는 먼저 제거해야 할 찌꺼기들이 많이 있었습니다. 나는 셔터가 다시 열리기 전에 의심과 분노와 여러 가지 감정을 하나님께 맡겨야 했습니다. 이제는 열려진 렌즈를 통하여 하나님의 시야로 보다 장시간 동안 바라볼 수 있을 것이라고 믿습니다.

어느 날 나는 남편과 함께 활활 타는 난로 곁에 앉아서 점점 커 가는 우리의 책임과, 우리가 귀하게 여기는 사람들의 문제와, 이겨 낼 수 없을 것같이 보이는 어려움들에 대하여 이야기를 나누었습니다. 나는 한숨을 쉬며 깊이 생각하던 것을 불쑥 말했습니다. "졸업할 때가 가까워지면 가까워질수록 과목들은 점점 더 어려워지는 것 같아요." 내가 생각하다가 입으로 낸 말이 진리라는 사실에 스스로도 놀랐습니다. 우리가 늙어 하늘나라에 갈 때가 가까워졌을 때에도 배울 것이 여전히 많다는 사실을 하나님께서는 알고 계십니다. 때때로 우리는 이 세상을 졸업하고 하나님을 만날 준비를 하기 위하여 고통과 고난과 압력을 통해 자신이 부서지는 과정을 밟아야 하는 것 같습니다.

그 당시의 일이 내게는 일종의 부서지는 과정이었습니다! 그러나 하나님께서는 그 고통이 나를 삼키도록 버려두지 아니하시고 덮쳐 오는 해일을 막아 주셨습니다. 그 일을 통하여 배운 교훈들을 평생 잊지 않게 해주시기를 기도합니다.

적용을 위한 성경공부

1. 시편 34편을 읽고 하나님께서 어떤 환경들로부터 당신을 옮겨 주시기로 약속하셨는지 그 환경들을 열거해 보십시오.

2. 로마서 8:28-39을 풀어 쓰십시오. 우리를 하나님의 사랑에서 끊을 수 있는 것으로는 어떤 것들이 있습니까? 자신의 감정이 그렇게 할 수 있습니까?

3. 당신의 삶을 돌이켜 보면 개인적으로 폭풍에 해당되는 것들로는 무엇이 있었습니까? 하나님께서는 그것들을 어떻게 다루셨습니까?

4. 골로새서 3:15-16을 암송하십시오.

하나님께서는 당신이 이 구절들을 삶 가운데 어떻게 적용하기를 원하신다고 생각합니까?

9
새는 틈

우리는 그를 봅 박사라고 부릅니다. 그는 뛰어난 의사일 뿐만 아니라 따뜻하고 인정이 많은 그리스도인으로서 많은 사람들의 아픔과 고통과 좌절감을 잘 이해하고 들어 줍니다. 한번은 남편과 내가 그를 붙들고 우리가 그 몇 주 동안 겪었던 심한 피로감에 대하여 오랫동안 이야기를 했습니다. 그는 몇 가지 질문을 하고서는 주의 깊게 들어 주었습니다. 그리고 나서는 '감정의 누수'가 어떻게 해서 피로를 유발하며 사람의 활력을 빼앗는가에 대해 이야기를 시작했습니다. 그는 몇 번이 용어를 사용했지만, 나는 스스로 그 말의 뜻을 알고 있다고 생각하고서는 무심코 들어 넘겼습니다.

그러나 그가 네 번째 같은 용어를 사용했을 때 나는 "봅 박사님, 감정의 누수가 무슨 뜻이죠?" 하고 물었습니다. 그는 잠깐 사이를 두고서 "**감정의 누수란 우리가 하나님을 전적으로 의뢰**

하지 않는 영역을 말하는 것입니다"라고 대답했습니다. 그 말은 전혀 듣고 싶지 않았습니다.

후에 그 말을 곰곰이 생각해 보니, 내 삶에 부딪혀 오는 작은 파도들을 실제로 내 배를 물에 잠기게 하지나 않을까 하는 관점으로 보게 되는 것이었습니다. 나의 문제는 파도 그 자체인가, 아니면 그 파도에 대한 나의 반응인가? 내가 겪고 있는 고통과 불편과 피로는 내가 다스릴 수 없는 환경들 때문인가, 아니면 그 환경들 가운데서 생기는 믿음의 부족이라는 누수 현상 때문인가?

내 문제의 큰 부분은 누수 현상 때문이었다는 사실을 깨닫고 나는 실망을 했습니다. 한 곳을 수리하려고 하다가 오히려 다른 세 곳을 깨뜨려 틈이 생깁니다. 그러나 그것이 다른 한편으로는 격려가 되기도 했습니다. 그 깨진 틈을 통해 물이 새어 들어와 불쾌감을 주고 불편을 주면 나로서는 그것을 참을 수 없습니다! 그러나 파도는 내가 더 이상 어떻게 할 수 없지만, 틈이 나서 새는 곳은 내가 수리할 수 있기 때문입니다!

어느 주일 오후 "내가 여호와의 인자하심을 영원히 노래하며"(시편 89:1)라는 구절을 읽었습니다. 그러나 그날 오후 내내 나는 그렇게 하지 못하고 오히려 울기만 했습니다. 두 개의 큰 파도가 나를 뒤흔들고 있었지만 그런 두 가지 상황 가운데서도 나의 **믿음만 부족하지 않았다면** 내가 탄 배로 많은 물이 들어오지는 못했을 것입니다.

나를 고통스럽게 만든 것은 그 많은 물이 배 위로 넘쳐 흘러들어온 것이 아니라 깨진 틈으로 새어 들어왔다는 사실이었습니다. 깨진 틈으로는 고요한 바다에서조차도 물이 새어 들어옵니다. 마가복음 4장에서는 배에 가득 찬 많은 물이 광풍으로 배에 부딪혀 넘어 들어온 것이었습니다. 그러나 배에 깨어진 틈이 많다면 잠잠한 가운데서도 물이 새어 들어와 내 배를 침몰시킬 것입니다.

우리의 배가 어떤 상태냐에 따라서 파도가 우리를 뜨게 할 수도 있고 물에 가라앉아 죽게 할 수도 있습니다. 그러므로 작은 파도와 새는 틈에 대한 해결책은 배를 잘 정비하는 것입니다. 그리고 큰 파도에 대한 해결책은 "잠잠하라. 고요하라"라는 주님의 말씀입니다.

그러나 내가 지금까지 파도라고 부르고 있었던 것이 실은 새는 틈이었다는 사실을 깨닫는 것만으로는 불충분합니다. 새는 곳을 막아 달라고 하나님께 도움을 요청할 필요가 있습니다. 그렇다면 내 배를 내적으로 안전하게 하려면 무엇을 할 수 있겠습니까?

무엇보다도 먼저 내가 직면하고 있는 문제가 파도인지 새는 틈인지 혹은 이 두 가지 다인지를 분별할 수 있는 지혜를 달라고 하나님께 기도하는 것입니다. 고통의 원인을 명확하게 알아야 할 필요가 있습니다.

예를 들어, 심한 비판을 받아서 힘이 극도로 빠지는 경우가 있다고 합시다. 그 파도를 일으킨 것이 나일 수도 있고 아닐 수도 있습니다. 만약 그 비판이 옳은 것이라면 나는 용서를 구하고 행동을 고치는 등의 건설적인 행동을 취할 필요가 있습니다. 그러나 만약 그 비판이 전적으로 부당하며 그 원인이 나에게 있는 것도 아니라면 그것은 파도입니다. 내가 그런 것 때문에 스스로 힘을 잃고 마땅히 해야 할 일을 제대로 하지 못한다면 그것은 새는 것입니다. 왜 그렇습니까? 하나님께서 그 상황을 주장하신다는 사실을 내가 **온전히** 믿지 못하고 있다는 것을 나타내기 때문입니다. 나는 하나님의 사랑과, 절대주권과, '모든 것을 합력하여 선을 이루시는' 능력과, 비판을 하고 있는 사람을 다스리실 수 있는 능력을 믿지 않고 있는 것입니다.

다른 어떤 사람의 문제에 대해 하나님을 믿는다는 것이 당신 자신의 문제에 대해 하나님을 믿기보다 훨씬 어렵다는 것을 느껴 본 적이 있습니까? 나는 친구들이 괴롭기 짝이 없는 문제를 계속 겪는 것을 볼 때 감정적 에너지가 고갈되는 것을 느낍니다. 나는 하나님께서 그들의 간구에 대해 무척 더디게 응답해 주시는 것처럼 느끼기 시작합니다. 그런데 이런 일이 왜 나의 감정적 에너지를 소진시킵니까? 왜냐하면 그 상황 가운데서는 하나님께서 결국 **그 사람의 유익을 위하여** 그 문제에 역사하시리라는 사실을 실제로는 믿지 않았기 때문입니다. 나는 그 상황에서는 희망이 없다고 느끼기 시작합니다. 물론 의식적으로는 희망이 없다는 것을 인정하지 않지만 무의식 가운데서는 희망이 없다고 느끼는 것이 사실입니다. 그렇지 않다면 그토록 힘을 잃지는 않을 것입니다.

할 일이 너무 많아서 스케줄이 빡빡해질 때 나는 감정적으로 메마르게 됩니다. 나는 열댓 개의 공을 공중에 던져 놓고 다 받지는 못하고 몇 개는 계속 떨어뜨리는 마술사와 같습니다. 어느 여름날 나는 쇼핑센터의 주차장에서 소리를 질렀습니다. (자동차의 창문을 다 닫아 놓고 그랬기 때문에 경찰관이 듣지는 못했습니다.) 그렇게 하고 나니 좀 시원해지는 것 같았지만 실제로 나아진 것은 없었습니다.

그 쇼핑센터에 식료품을 사러 갔던 그날 오전 나의 괴로움은 극도에 달했습니다. 살 물건을 카트에 다 담아 가지고 나와 계산대 앞에 줄을 서 있다가 문득 가계수표책을 가지고 오지 않았다는 것을 알게 되었습니다. 남편이 그날 아침 밀린 청구서의 대금을 지불하느라고 쓰고서는 내게 돌려주지 않았던 것입니다. 카트에 골라 담았던 식품들을 유제품 냉장고의 한 편에 넣어 두고 헐레벌떡 집으로 돌아와 수표책을 찾아 가지고 차를 몰아 쇼핑센터로 갔습니다. 다른 차들을 과감하게 추월해 가며 그 쇼핑센터 맞은편 우체국 앞에 도착했을 때는 막 정오가 지나고 있었는데, 그 쇼핑센터에는 정오부터 오후 1시까지 문을 닫는다는 팻말이 걸려 있었습니다. 내가 소리를 지른 것은 그때였습니다.

그날 오전은 해놓은 일이 아무것도 없는 채로 지나간 것처럼 느껴졌습니다. 그 사실이 나를 화나게 했고 좌절감을 느끼게 만들었습니다.

하지만 생각해 봅시다! 나는 그날 아침 시간을 주님께 드리지 않았는가? 아니다. 드렸다. 주님께서는 그걸 받으셨는가? 그렇다고 믿을 수밖에 없다. 그렇다면 왜 주차장에서 소릴 질렀는가? 분명한 것은 내가 공중에 던진 그 공들을 주님께서 지켜 주시리라는 것을 믿지 않고 있었다는 사실이었습니다. 나는 주님께서 그 시간들을 주장하고 계시다는 사실을 믿고 안식하지 않았습니다. "하나님께서는 그날그날 내가 하기를 원하시는 모든 일을 할 만한 충분한 시간을 주신다"라는 사실을 믿지 않았던 것입니다. 남편이 전에 그것을 내게 누누이 일러 주었었지만, 내가 믿지를 못해서 커다란 틈이 생겨 그리로 물이 새어 들어왔던 것입니다.

두 번째로, 만약 새는 곳이 내가 하나님을 신뢰하지 않는 영역이라면 단순히 하나님 신뢰하기를 배워야만 합니다. 하지만 어떻게 배웁니까? 사람이 어떻게 하면 다른 이에 대한 믿음과 신뢰를 높일 수 있겠습니까? 이것에 대해 돌이켜 볼 때 나는 남편에 대한 신뢰감을 어떻게 쌓아 왔는가를 깨닫게 됩니다. 결혼한 지 얼마 되지 않았을 때 만약 남편이 하룻밤을 밖에서 지내고 집에 돌아와 말도 안 되는 것 같은 이유를 댔다면, 나는 그를 믿으려 하지 않았을 것입니다. 그러나 지금은 밤을 밖에서 지내고 돌아와서 같은 이유를 댄다고 해도, 나는 그를 믿으려 할 것입니다. 그 신뢰감을 쌓기 위해 내가 특별히 한 일은 없습니다. 다만 함께 살면서 그를 보아 왔고 그의 진정한 성품을 알게 되었기 때문에 믿을 수 있는 것입니다. 하나님과의 관계에서도 마찬가지입니다. 우리는 믿음의 '발동을 걸지 않았습니다.' 다만 하나님의 성품이 신실하시다는 것을 알게 되었을 뿐입니다.

우리가 세 번째로 해야 할 일은 주님께서 우리를 강건하게 해주시기를 기다리며, 매일 새는 것들의 구체적인 목록을 가지고 그분 앞에 나아가서 그 새는 곳을 막아 주시기를 간구하고 그 문제들을 그분께 맡기는 것입니다. **주님을 잠잠히 기다리는 것**은 참으로 중요합니다. 때때로 이것은 우리가 매일 갖는 경건의 시간 이외의 별도 시간이 필요하다는 것을 의미하기도 합니다. 어느 날 하나님께서는 내게 기다려야 할 필연적인 이유를 보여 주셨습니다. 그래서 나는 다음과 같이 썼습니다.

나는 둔하다. 아무것도 느껴지는 게 없는 것 같다. 내 주위에서 소용돌이가 치고 있지만 느껴지지 않는다. 배 밑바닥에 물이 들어와 젖어 불편해도 관심이 가지 않는다. 분명 노한 폭풍이 일고 있는 것을 알지만 그 소리는 들리지 않는다. 나는 마치 태풍의 눈 안에 들어 있는 것 같은데, 기압 때문에 등골이 오싹한 그 태풍 소리가 들리지 않고 있을 뿐이다. 사람들이 말을 하고 있지만 그 말이 내 마음에까지 도달하지 않고 있다. 나의 감정은 모두 메말라 버렸다.

나는 여기 앉아서 아무것도 생각지 않고 감정이 다시금

내 속으로 흘러 들어오는 것을 느낄 수 있게 되기를 기다릴 뿐이다. 이 상태가 싫다. 이렇게 된 원인들을 생각해 본다. 지난 수주일간 사람, 장소, 개성, 문제, 즐거움, 압력들이 가득 찼었다. 사기가 저하되었을 때 충분히 북돋움받아야 했지만, 내게 보존되어 있는 자원들을 계속해서 소모했다. 말씀 가운데 젖고 하나님께서 주시는 고요함과 그 평안 가운데 젖어 들 겨를도 없이 다 써버렸다. 정말 멋진 나날들이었다. 하나님께서 그 상황 가운데서 역사하시는 것을 보았고, 그분의 손길이 매일매일 삶의 모든 면을 뒷받침하고 계심을 알았다.

그런데 이제 나의 모든 에너지 — 모든 감정 — 는 다 메말라 버렸다. 어떻게 해야 하나?

기다리겠다.

"이 일도 역시 지나갈 것이다"라는 것을 기억하고, 끝없이 이렇게만 되리라고 믿지는 않겠다.

나는 기다리면서, 하나님께서 정하신 때가 되면 하나님께서 고요함과 평안의 시간을 주실 것이라는 사실을 기억하겠다. 그 시간이 올 때까지 그분은 내가 활동하며 압력을 받는 가운데서도 그분의 고요함에 흠뻑 젖어 지낼 수 있는 능력을 주실 것이다.

그리스도를 죽은 자 가운데서 살리신 성령께서 내 안에 거하심으로써 내 죽을 이 몸도 살리실 것을 생각하면서 기다리겠다(로마서 8:11 참조).

나는 기다리겠다. 내가 기다릴 때 하나님께서는 나에게 새로운 힘을 주실 것이며, 나는 힘차게 날아오를 것이다. 느끼고, 만지고, 감지하는 능력이 있든 없든, 하나님의 능력으로만 걷고 달리는 것을 배우겠다.

이 둔감함조차도 하나님의 손으로부터 직접 내 영혼에 주어진 하나의 안식이라는 것을 깨닫고 나는 기다리겠다. 우리의 몸이 지쳤을 때는 더 깊은 육체적 휴식을 필요로 하지만 우리의 감정, 영, 마음이 지쳤을 때는 "너희가 피곤하여 낙심치 않기 위하여 죄인들의 이같이 자기에게 거역한 일을 참으신 자를 생각하라"(히브리서 12:3)라는 말씀이 필요하다는 것도 깨닫고 기다리겠다. 감정적 피로의 해결책은 예수님을 생각하는 데 있다. 주님, 진정으로 주님을 생각할 수 있도록 도와주십시오!

주님을 기다리기 위해서는 '떠나 있어야' 합니다. 이것은 필수적인 조건입니다. 떠나 있지 않다면 스스로 떠나도록 해야 합니다.

콜로라도 주의 화창한 어느 봄날 아침이었습니다. 내가 경건의 시간을 보내기 좋아하는 장소인 침실 밖 작은 현관에서 주님과 교제를 갖고 있었습니다. 거기서는 산이 올려다보였습니다. 한동안 영적인 기근을 겪은 후 갖는 그 교제 시간은 나에게 영적인 양식과 생명을 주는 시간이었습니다. 나는 시편 143:8 말씀으로 기도하며 그 말씀을 묵상했습니다. "아침에 나로 주의 인자한 말씀을 듣게 하소서. 내가 주를 의뢰함이니이다. 나의 다닐 길을 알게 하소서. 내가 내 영혼을 주께 받듦이니이다." 그날 아침 나는 하나님의 인자하신 음성을 진정으로 들었습니다.

"주님과 함께 보내는 시간이 왜 항상 신선하지는 못합니까, 주님? 왜 어떤 때는 주님의 음성이 들리지 않거나 멀리 떨어진 것처럼 들립니까?" 나는 이렇게 여쭤 보았습니다.

주님께서는 "네가 떠나 있지 않기 때문이다"라고 대답해 주셨습니다. "그렇다면 저는 어떻게 하면 항상 떠나 있을 수 있습니까? 집 안에 손님들이 가득 차 있을 때, 일정이 빡빡한 선교 여행 가운데 있을 때, 긴급한 필요들로 제 스케줄이 꽉 차 있을 때, 또…."

하나님께서 내 마음 가운데 한 가지 사실을 생각나게 해주셔서 나는 거기서 멈추었습니다. 성경을 보면 마리아는 예수님의 발 아래 앉아 말씀을 듣기 위해서 다른 사람이 섬기는 책임을 떠맡도록 버려두었습니다. 존 웨슬리의 어머니는 자녀가 많아서 그들에게 자기가 앞치마를 머리에 둘러쓰고 기도하는 시간 동안은 방해하지 말라고 가르쳤습니다. 내 친구 한 사람은 일주일에 하루 아침은 다른 바쁜 엄마 한 사람과 교대로 아이를 봐주기로 하고 그 시간을 이용해서 공원이나 도서관에 가서 하나님과 깊은 교제 시간을 갖습니다.

나는 조용한 날 하나님의 음성을 가장 잘 들을 수 있습니다.

일찍 일어날 수 있고, 내 시간과 주의를 요구하는 일도 없고, 압력도 느끼지 않는 그런 날이 좋습니다. 그렇지만 그런 날을 보낼 수 있는 사람이 실제로 얼마나 많이 있겠습니까?

진정으로 자신의 영혼이 하나님의 음성을 듣고자 한다면, 미리 생각하고, 계획하고, 훈련하고, 시간을 만들어야 하며, 하나님께 창조적인 아이디어를 구해야 합니다. 그것은 자신이 반드시 해야 할 일입니다. 직장에서든 집에서든 그런 시간을 내어야 한다면 미리 계획해야 합니다. 출장길에 한두 시간을 주님과 교제할 수 있다고 하더라도 그것을 위해 미리 기도해야 합니다.

하나님과 함께하는 바로 그런 시간을 통하여, 비록 파도가 여전히 높다 하더라도 하나님께서는 "잠잠하라!"라고 말씀하십니다. 하나님께서 환경을 바꾸지는 않으실지 몰라도 두려움에 사로잡힌 내 마음에 평안을 주실 것입니다. 그분이 함께하실 때 요란하던 폭풍우 소리는 들리지 않게 되고, 교제 시간 동안은 조용해질 것입니다.

우리는 반드시 이 내적인 고요함을 경험해야 합니다. 때때로 자리에 앉아서 앞산의 웅장한 모습을 바라보고 있노라면 아침의 고요함과 콜로라도스프링스의 고요함, 그리고 조용한 이웃을 인하여 하나님께 감사하고 싶은 마음이 일어납니다. 아, 물론 우리에게 개 짖는 소리라든지, 아이들의 고함 소리, 제트기의 폭음, 자동차의 부릉대는 소리 등 시끄러운 소리도 들리지만, 최근에 방문했던 어느 나라와 비교해 보면 우리가 듣는 소리는 평안과 정적이 깃든 소리였습니다.

이집트에서는 자동차의 경적과 모스크에서 흘러나오는 기도 소리, 사방에서 시끄럽게 떠들어 대는 사람 소리 때문에 정신이 산란해져서 도무지 집중해서 주님의 음성을 들을 수가 없었습니다. 그제야 해외에 나가 있는 몇몇 친구들이 그런 것들을 피할 수가 없으리라는 것을 깨달았습니다.

나는 혼자 속으로 이렇게 물어 보았습니다. '이런 고요함을 맛보지 못한다면, 몇 분 혹은 몇 시간 동안이라도 주님과만의 조용한 시간을 보낼 수 없다면, 주님과의 교제를 나눌 장소가 없다면, 오랜 기간 나는 어떻게 해야 할까?'

내적인 고요함은 내게 꼭 있어야 합니다. 밖에서는 세상이 무너진다고 해도, 내 마음속은 잠잠하고 고요하며 하나님의 음성을 들을 수 있게 해달라고 기도해야 합니다.

나의 배를 안전하게 하기 위하여 내가 해야 할 네 번째 일은 새는 틈들을 하나님께 맡겨 수리를 받는 것입니다. 이렇게 한다고 해서 반 마음이 되는 것도 아니요, 스스로를 속이는 것도 아닙니다. 어떤 틈들은 너무 작아서 무시하고 싶은 유혹을 받기도 하고, 너무 게을러서 그것들을 방치해 둘 수도 있습니다. 그런 틈들이 내 배를 가라앉히지는 않는다 하더라도 대부분의 경우 틀림없이 나의 진보를 방해할 것입니다.

우리는 근심이란 믿음의 부족이며 따라서 죄라는 것을 알면서도 오랫동안 그것과 더불어 살아오고 있습니다. 하나님을 믿는 믿음이 부족한 것은 그 영역이 무엇이든 죄입니다. 우리는 죄를 죄로 인정해야만 합니다. 그러므로 삶 가운데서 감정적인 누수 현상이 일어나도록 방치해 두는 것도 죄이며, 따라서 그것을 그냥 버려두어서는 안 됩니다!

시편 34편은 건지심에 대한 놀라운 시입니다. 다윗은 두려움, 궁핍, 환난, 상한 마음, 상한 영, 애통함, 위험에서 건져 주신 하나님을 노래하고 있습니다. 이 목록은 내 삶에서 일어날 수 있는 모든 파도를 다 포함하고 있는 것 같습니다. 이러한 것들에서 하나님의 건지심을 받는 비결을 4,5,6절에서 찾을 수 있습니다. "내가 여호와께 구하매… 저희가 주를 앙망하고… 이 곤고한 자가 부르짖으매…."

우리가 하나님께 기도하고 하나님을 기다리며 찾을 때 하나님께서는 우리를 건져 주십니다. 그러나 우리는 진정으로 그렇게 해야 합니다.

야곱이 여호와의 천사와 밤새도록 씨름한 이야기를 기억하고 계시겠지요(창세기 32:24-30, 호세아 12:3-4 참조)? 야곱은 단호했습니다. "당신이 내게 축복하지 아니하면 가게 하지 아니하겠나이다"(창세기 32:26). 그의 말은 진정이었습니다.

내 삶을 돌이켜 보면 그와 마찬가지로 하나님과 씨름을 했던 때가 있었습니다. 나는 결사적으로 짐을 벗으려고, 근심에서 벗어나려고, 힘과 즐거움을 다시 얻으려고 주님께로 가서 얼마나 오래 걸려야 하든 상관치 않고 부르짖었습니다. "주님, 주님께서 약속하신 대로 전 주님의 도움이 필요합니다. 저는 약하오니 힘을 주시고, 마음이 요동되오니 평안을 주시며, 힘차게 날아오를 수 있도록 제게 은혜를 주시고, 이 무거운 짐을 벗겨 주옵시며, 제 잘못을 용서해 주시옵소서. 제가 구하는 것을 주님의 뜻 가운데서 얻기 전에는 이곳을 물러나지 않겠습니다."

그리고 나서는 기다렸습니다. 하나님께서 내 필요를 채워 주시지 않은 적은 한 번도 없었습니다. 그렇다고 해서 항상 은혜가 가득 찬 은혜 자루를 배달해 주시는 것은 아니었습니다. 어떤 때는 "모든 것이 잘되고 있다. 앞으로 나아가면서 한번 보아라"라고 조용하게 속삭여 주시기만 할 때도 있습니다.

마가복음 5:1-20에 나오는, 귀신 들린 자 이야기를 읽고 도전을 받았습니다. 그리스도께서는 이 사람을 파멸시키고 있던 군단 규모의 귀신들을 쫓아내시고 그를 구원해 주셨습니다. 우리 자신이 가지고 있는 성품들 속에 들어 있는 많은 것들이 우리를 자멸의 길로 이끌고 있습니다. 고집, 자기 뜻, 제어되지 않은 혀, 참지 못하는 성질, 분노 등등 한이 없습니다. 귀신 들린 자는 자신을 구원할 수 없었습니다. 그리스도만이 그를 구하실 수 있었고, 또 구해 주셨습니다. 노아의 방주 안팎을 역청으로 칠하여 새는 틈을 막아 주신 하나님께서는(창세기 6:14 참조) 우리의 갈라져서 새는 마음의 틈들을 하나님께 가지고 가서 일일이 고할 때 그것들을 깨끗이 수리하고 막아 주십니다.

내 삶 가운데 있는 갈라진 틈들은 내가 다음과 같이 할 때

막을 수 있으며, 또 반드시 막아야 하며, 또한 막힐 것입니다. (1) 그 틈들을 알게 해주시기를 하나님께 기도한다. (2) 하나님께서는 신실한 분이심을 알기 위한 시간을 갖는다. (3) 내 삶 가운데서 고갈된 모든 것을 회복할 수 있는 능력을 주실 것을 믿고 그분을 기다린다. (4) 그 새는 틈들을 막는 일에 총력을 기울인다. 새는 틈이 막혀지면 나의 배는 파도에 맞서서 물 위에 꼿꼿이 떠서 항해하게 될 것이며, 나는 그리스도께서 바로 흔들리는 나의 배의 주인이 되심을 의심 없이 믿을 수 있게 될 것입니다.

적용을 위한 성경공부

1. 지금 이 순간 당신의 삶 가운데에 당신을 괴롭히는 근심들이 있으면 목록을 만들어 보십시오.

2. 20분 동안 그 근심들을 매우 자세하게 하나하나 주님께 토해 놓으십시오(시편 62:8 참조). 그렇게 할 때, 다시 그 근심을 하지 않게 되도록 믿음을 주시기를 기도하고 하나님께 그것들을 다 맡기십시오.

3. 시편 37:3-5을 풀어 쓰십시오. 이 구절이 당신에게 있는 새는 틈들과 어떤 관련이 있다고 생각합니까?

4. 시편 37:23-24을 묵상하십시오.

   "여호와께서 사람의 걸음을 정하시고 그 길을 기뻐하시나 니, 저는 넘어지나 아주 엎드러지지 아니함은 여호와께서 손으로 붙드심이로다."

5. 이번 주에는 매일 다음 제목을 가지고 기도하십시오.
   (1) 삶 가운데 존재하는 감정적 누수 현상을 알 수 있는 지혜를 주시도록.
   (2) 신실하신 하나님께 대한 믿음을 더할 수 있는 창의적인 방법을 가르쳐 주시도록.
   (3) 자신의 마음을 하나님께 고정시킬 수 있는 능력을 주시도록.

10
날아오름

콜로라도스프링스에 살 때는 가끔 글렌에리의 네비게이토 수양관 주위를 드라이브할 기회가 있었습니다. 글렌에리란 '독수리 계곡'이란 뜻이며, 절벽 꼭대기에는 실제로 커다란 독수리 둥지가 있었습니다. 독수리들은 자주 돌아와서 둥지를 수리하고 알을 낳고 새끼를 기릅니다. 어느 봄날에도 독수리들이 둥지를 수리하는 것이 보였습니다. 퍽 흥미가 있었습니다. 시일이 얼마 지나지 않아 얽힌 나뭇가지 사이로 새끼 독수리의 머리가 보였습니다. 다음 달에는 새끼가 둥지 가에서 날개를 펴고 파닥거리는 모습을 보였습니다. 새끼 독수리는 오랜 기간 연습하더니 마침내 어느 날 날기 시작하여 푸른 하늘로 힘차게 날개를 치며 올라가는 것이었습니다.

본서 1장에서 9장까지 내 삶에 어려움을 가져다주는 파도와 새는 틈에 대해서 이야기했습니다. 또한 그 특정한 어려움들에 대처하는 방법에 대하여 나름대로 배운 것들을 나누었습니다.

첫째로 분명히 알아야 할 것은 어떤 파도를 만나든, 배에 틈이 나서 물이 새어 들어오든, 주님께로부터 눈을 떼지 말아야 한다는 사실입니다. 그렇게 할 때 나는 삼키려고 덮쳐 오는 파도 위로 날아오를 수 있습니다. 그러나 1장에서 말했듯이 우리는 스스로에게 **그래, 하지만 어떻게?**라는 질문을 다시 한 번 해보아야 합니다.

하나님께서는 이사야 40:28-31 말씀을 통해 이 면에 관하여 새로운 시야를 열어 주셨습니다.

너는 알지 못하였느냐? 듣지 못하였느냐? 영원하신 하나님 여호와, 땅 끝까지 창조하신 자는 피곤치 아니하시며 곤비치 아니하시며 명철이 한이 없으시며 피곤한 자에게는 능력을 주시며 무능한 자에게는 힘을 더하시나니, 소년이라도 피곤하며 곤비하며 장정이라도 넘어지며 자빠지되, 오직 여호와를 앙망하는 자는 새 힘을 얻으리니, 독수리의 날개 치며 올라감 같을 것이요, 달음박질하여도 곤비치 아니하겠고 걸어가도 피곤치 아니하리로다.

이 구절에서 가장 위안과 격려를 주는 것은 하나님의 명철이 한이 없으시다는 사실입니다. "명철이 한이 없으시며." 이 말씀은 너무나 좋습니다! 사람들이 어떤 결정, 태도, 요구, 문제들로 나를 낙담시킬 때 하나님께서는 그것들을 자신의 명철로써 아십니다. 하나님께서는 명철이 한이 없으실 뿐만 아니라 내가 피곤할 때(아, 너무나 피곤합니다.) 능력을 주실 수 있습니다. 뿐만 아니라 그분은 내게 힘을 더해 주실 수 있으십니다.

둘째로 분명히 이해해야 할 것은, 하나님께서는 내가 독수리의 날개 치며 올라감같이 높이 올라가서 하나님의 관점으로 사람들과 문제점들을 보기를 원하시며, 우리가 매일매일 통과해야 하는 끝없는 문제들에 대해 하나님의 시야를 갖게 되기를 바라고 계십니다. 하나님께서는 우리가 힘차게 날아올라서 예수 그리스도에게까지 이르러 그분의 임재하심으로 말미암아 뜨거워지고 그분의 마음 가까이로 이끌림을 받게 되기를 원하십니다.

나는 너무나 감정 중심적인 사람이기 때문에 하나님의 진리를 머리로 아는 것만으로는 만족하지 못하고 마음으로 느껴야 합니다. 나는 내가 날아오르고 있음을 알 뿐만 아니라 느껴야 하는 사람입니다.

날아오르는 비결은 이사야 40:31에 나옵니다. 그 말씀대로 '여호와를 앙망'해야 하는 것입니다. 내가 하나님의 말씀을 통하여 하나님을 앙망할 때 그분이 나타내 보여 주시는 진리들이 나로 날개 치며 올라갈 수 있게 해줄 것입니다.

높이 날아오르기를 원한다면 말씀이 마음으로 들어오는 통로들을 활짝 열어 놓아야 합니다. 그 통로들은 내가 하나님께로 날아올라가는 힘을 얻는 데 반드시 있어야 할 가장 중요한 것들입니다. 쉽게 막힐 수 있는 통로는 하나님의 말씀을 **듣는** 것입니다. 설교 말씀을 들을 때 우리는 성령께서 그 뜻대로 우리 삶 가운데 적용시킬 수 있도록 마음을 다해 그 말씀을 들어야 하는데, 늘 그렇게 하지는 못하고 있습니다. **읽기**라는 통로가 때때로 소홀히 취급되기도 합니다. 성경 말씀을 주의 깊게 또한 지속적으로 읽어 나가면 하나님의 세미하지만 끊임없는 그 음성이 똑똑하게 들려올 것입니다. 가끔씩 큰 오물이 **성경공부**의 통로를 막기도 합니다. 여기서 말하는 성경공부는 주일 성경공부 공과 준비나 설교 준비와는 별도로 스스로 알아서 하는 창의적인 개인 성경공부를 가리킵니다. 성경 말씀을 **암송**하는 것은 말씀 섭취에 있어서 또 하나의 필수적인 통로입니다. 다섯 번째 통로는 앞의 네 가지 통로들을 통해 들어오는 말씀들을 가지고 하는 것입니다. 그것은 곧 **묵상**으로서 암송한 것뿐만 아니라 듣고 읽고 공부한 것들에 대하여도 하는 것입니다.

말씀을 듣는 것은 그리스도인들의 집회에서만 할 수 있는 것은 아닙니다. 라디오나 다른 매체들을 통해서 차에서나 집에서도 얼마든지 들을 수 있습니다. 읽기와 공부는 특별히 계획하고 시간을 내서 하거나 정기적으로 하나님과의 교제 시간에 덧붙여서 할 수도 있습니다. 성경 암송은 낭비되기 쉬운 조각 시간들을 이용해서 할 수 있습니다. 그것은 짬짬이 나는 틈을 이용해서 할 수가 있는 것입니다. 묵상은 다른 말로 하면 적용을 하기 위해서 머릿속으로 하는 성경공부라고 볼 수도 있는데, 다른 일들에 머리를 쓰지 않을 때 할 수 있습니다.

하나님의 말씀을 섭취할 수 있는 기능이 최대로 발휘된다면 우리는 힘차게 날아올라서 우리의 마음을 하나님의 마음에 일치시킬 수 있게 될 것입니다. 그러나 그 기능이 제대로 이루어지지 않는다면 어떻게 되겠습니까? 만약 이 방법들을 다 사용하여 잘 날아오르다가 갑자기 쿵 하고 충돌하게 된다면 어떻게 되겠습니까? 그런 일도 있을 수 있습니다.

내게는 두 가지가 매우 큰 도움이 되었습니다.

첫째로, 나는 종종 하나님과 말씀에 대한 끝없는 **허기**와 의(義)에 대한 **갈증**을 주시기를 기도합니다. 하나님께서 나를 이끌어 주시고, 하나님을 알고자 하는 마음이 날마다 더 커지고, 매일매일 하나님께 대한 사랑이 더 커지게 해주시기를 기도합니다.

둘째로, **기대하는 마음**을 주시기를 기도합니다. 하나님의 말씀 가운데서 즐거움을 찾을 수 있도록 하나님께 내 마음을 날개 치며 올라갈 수 있게 해주시기를 기도합니다.

하나님을 진정으로 알고자 하는 소원을 하나님께서 이루어 주시기를 바라고 의지하며, 말씀 섭취의 통로를 활짝 열어 두며, 이기심이나 죄로 그것을 막지만 않는다면 우리는 독수리의 날개 치며 올라감같이 날아오를 것입니다. 날아오른다는 것은 하나님의 말씀 가운데서 어떤 것을 보았을 때 기뻐 뛰고 박수를 치면서

"와, 이런 게 있다니!" 하고 소리칠 만큼 큰 즐거움을 누리는 것입니다. 그것은 당신의 문제들을 하나님의 시야로 볼 수 있게 되는 것, 즉 영원의 관점에서 보게 되는 것입니다. 그것은 인내, 즐거움, 힘 또는 당신이 처해 있는 그 특수한 상황에서 필요한 형태로 오는 하나님의 은혜를 맛보는 것입니다. 이 은혜는 당신 안에 있는 것이 아니요 하나님께서 주시는 것입니다.

예를 들어, 내가 맞이하게 되는 수많은 상황들이 나 자신으로 하여금 전적으로 부적합한 사람이라고 느끼게 만듭니다. 한번은 굉장히 많은 사람들 앞에서 말씀을 전하게 되었는데 나는 스스로 겁을 먹고 하나님께 기도했습니다. "하나님, 제가 무슨 능력이 있다고 이 시간을 제게 맡기십니까?" 하나님께서는 내 마음속에 "내가 못 다룰 일은 아무것도 없노라. 염려 말라"라고 분명하게 말씀하셨습니다.

바로 그 직후 열왕기하 4장에 나오는 엘리사에 대한 기사를 읽는 중에 하나님께서는 정말로 나에게 날아오를 수 있는 힘을 주셨습니다. 선지자의 생도의 아내였다가 과부가 된 어떤 여인이, 그 남편이 생전에 남긴 빚 때문에 그 두 아들이 채주에게 종으로 팔려가게 되었다고 엘리사를 찾아와 울며 고했습니다. 엘리사는 그 여인에게 어떻게 해주면 도움이 되겠느냐고 묻고 나서 "네 집에 무엇이 있느냐?" 하고 또 물었습니다. 이에 그 여인이 "계집종의 집에 한 병 기름 외에는 아무것도 없나이다"(열왕기하 4:2)라고 대답했습니다.

하나님께서는 엘리사를 통하여 그 여인에게 남아 있던 기름을 수없이 불어나게 하여 그것을 팔아서 빚을 갚고 남은 것으로 생활하게 해주셨습니다.

하나님께서는 "캐롤, 너의 집에 무엇이 있느냐?" 하고 내게 물으셨고, 나는 "주님께서 도와주셔서 준비하고 있는 이 말씀 외에는 아무것도 없습니다"라고 대답했습니다. 하나님께서는 "그걸 내게 다오. 내가 그것으로 수없이 불어나게 해주겠노라"라고 말씀하셨습니다.

나는 그 말에 자리에서 벌떡 일어나 기쁨으로 외치고 싶었습니다! 보잘것없는 내 설교가 무슨 일을 일으키는 것이 아니라 그 설교의 주인이신 하나님께서 설교를 통하여 자신의 뜻을 이루는 역사를 일으키시는 것입니다!

나의 가까운 친구 한 사람은 꽃꽂이와 화초 기르기를 좋아하고 또 재능이 있습니다. 그리스도인이 되고 난 후 그는 자신에게 있어서 '한 병의 기름'인 꽃 다루는 재능을 하나님께 드렸습니다. 하나님께서는 그 재능을 사용하셔서 그로 하여금 수많은 사람들에게 효과적으로 그리스도를 증거할 수 있게 해주셨습니다. 그는 꽃꽂이를 보여 달라는 부탁이 들어올 때나 화초 품평회에서 상을 받을 때를 복음 전할 기회로 삼고 그 아름다운 꽃들을 창조하신 분에 대하여 이야기합니다.

많은 경우 우리가 "전 아무것도 할 수 없습니다"라고 할 때, 하나님께서는 "너의 집에 무엇이 있느냐?"라고 물으십니다. 우리는 "이야기 잘하는 능력, 혹은 기도할 힘, 아니면 밥 짓는 기술밖에는 없습니다"라는 식으로 대답합니다. 그러면 하나님께서는 항상 "그걸 내게 다오. 내가 그 기술을 배가시켜 주겠다"라고 말씀하십니다.

하나님의 말씀 안에서 즐거움을 발견하게 되는 그때가 바로 하늘 높이 날아오르는 때입니다. 내 마음은 문제들에서 벗어나서 문제를 해결하시는 분께로 날아갑니다. 하나님께 나의 시야를 고정시킬 때 그분께서는 '달음박질하여도 곤비치 아니하고 걸어가도 피곤치 않도록'(이사야 40:31) 내게 힘을 더해 주십니다.

하나님께서 그 **모든** 일을 다 하십니다. 하나님께서 날아오르고 싶은 마음과, 날 수 있는 날개와, 그 날개를 사용할 수 있는 방법을 주시고, 그것을 연단할 수 있도록 훈련을 시켜 주십니다.

우리가 본 그 새끼 독수리가 비록 즉시 날지는 못했지만, 언젠가는 푸른 하늘을 마음껏 날 수 있는 힘을 얻게 될 날개를 지니고 태어났습니다. 또한 독수리라고 해서 항상 날아오르는 것만은 아닙니다. 쉬고, 먹고, 집을 지키고, 새끼를 먹이기 위하여 내려오기도 해야 하는 것입니다. 그러나 그런 '일상적인 일'을 할 때에도 그 마음 한편에서는 이 땅에서 높이 떠서 바람을 타고 날고 있지 않겠는가 하고 상상해 봅니다. 독수리는 자신이 해야 할 일들과 처한 환경들에서 떠나 날개를 치며 높이 솟아올랐을 때의 기분이 어떤가를 기억하고 있을 것입니다.

나도 그와 마찬가지입니다. 나는 항상 날아오르지는 못합니다. 그러나 내 마음의 소원은 매일같이 하나님의 말씀 가운데서 기쁨으로 하나님과 함께 힘차게 날아오르고 싶고, 그런 다음에 일상생활 가운데로 다시 돌아올 때도 이 세상에 대한 하나님의 시야를 늘 마음속에 새겨 두고 싶습니다.

그리스도를 영접함으로써 하나님의 자녀로 태어날 때 우리는 하나님께로 높이 날 수 있는 '영적 날개'를 받았습니다. 그 날개를 접어 두고 사용하지 않아서 퇴화되도록 내버려 두는 사람들이 있다는 것은 얼마나 슬픈 일입니까? 한 번도 사용하지를 않으니 전혀 날지 못하는 건 당연합니다. 또한 하는 일 없이 살만 찌도록 내버려 두어 이 땅으로부터 날아오르지 못하게 버려두는 사람들도 있습니다.

나는 내 날개가 퇴화되어 쓸모없게 되기를 원치 않습니다. 슬프게도 땅에서 겨우 1m밖에 날아오르지 못할 때도 있습니다. 때로는 바위들을 스쳐 가기도 하고 더러운 진흙 바닥에 끌리기도 합니다. 그러나 나는 내 날개를 활짝 펴고 성령의 기류를 타고 상승하는 법도 배우고 있습니다.

내게 실망을 주는 것은 질그릇인 내가 뻘 속에 처박혀 있는 것같이 보이는 것입니다. 나에게 격려를 주는 것은 이 질그릇 안에 들어 있는 귀한 '보배'이며 그 뻘로부터 나를 구출해 주시는 하나님의 '심히 큰 능력'입니다.

우리가 이 보배를 질그릇에 가졌으니, 이는 능력의 심히 큰 것이 하나님께 있고 우리에게 있지 아니함을 알게 하려 함이라. 그러므로 우리가 낙심하지 아니하노니, 겉사람은 후패하나 우리의 속은 날로 새롭도다. 우리의 잠시 받는 환난의 경한 것이 지극히 크고 영원한 영광의 중한 것을 우리에게 이루게 함이니, 우리의 돌아보는 것은 보이는 것이 아니요 보이지 않는 것이니, 보이는 것은 잠깐이요 보이지 않는 것은 영원함이니라. (고린도후서 4:7,16-18)

적용을 위한 성경공부

1. 이사야 40:28-31을 읽고 풀어 쓰십시오.

2. 당신의 하루 또는 일주일의 시간 중에서 '하나님을 기다리는 시간'은 언제 언제입니까?

이와 같이 기다리는 동안에는 무엇을 합니까?(성경 읽기, 성경 공부, 기도 등 당신이 실제로 하는 것을 쓰십시오.)

3. 당신이 가장 최근에 하나님의 말씀으로부터 캐낸 보물은 무엇입니까? 이 보물을 발견한 것이 당신에게 기쁨이 되었습니까? 어느 정도나 기뻤습니까?

4. 당신이 하나님의 말씀을 연구할 때 날개 치며 올라가는 것을 방해한다고 생각되는 것은 무엇입니까?

5. 천천히, 기대를 가지고, 기도하는 마음으로 골로새서 3장을 읽으십시오. 읽다가 마음에 들어오는 구절이 있으면 거기서 멈추고 보다 명확한 이해를 할 수 있게 해주시기를 기도하십시오. 하나님께서 당신에게 말씀해 주고 계시며, 당신이 실천하기를 원하고 계시다고 생각되는 것들을 기록하십시오.

제 2 부

이분은 누구신가

갑자기 광풍이 멈추고 바다가 잔잔해졌습니다. 제자들은 놀라서 조금 전까지만 해도 삼킬 듯이 미쳐 날뛰다가 순식간에 거울처럼 잔잔해진 해면을 바라보았습니다. 놀라움과 두려움에 눈이 휘둥그레져서 그들은 수군거렸습니다. "이분이 누구시기에 바람과 바다까지 다 순종하는고?"

하나님께서는 우리를 광풍 가운데서 건져 내기를 기뻐하십니다! 때때로 우리는 "무수한 재앙이 나를 둘러싸고 나의 죄악이 내게 미치므로 우러러볼 수도 없으며, 죄가 나의 머리털보다 많으므로 내 마음이 사라졌음이니이다"(시편 40:12) 하고 부르짖습니다. 그 순간에 우리는 다음 사실을 기억해야 합니다. "여호와 나의 하나님이여, 주의 행하신 기적이 많고 우리를 향하신 주의 생각도 많도소이다. 내가 들어 말하고자 하나 주의 앞에 베풀 수도 없고 그 수를 셀 수도 없나이다"(시편 40:5).

폭풍 가운데서 우리는 "내 영혼아, 네가 어찌하여 낙망하며 어찌하여 내 속에서 불안하여 하는고? 너는 하나님을 바라라. 나는 내 얼굴을 도우시는 내 하나님을 오히려 찬송하리로다"(시편 43:5)라고 선언할 필요가 있습니다.

우리를 가르치는 데는 폭풍우도 필요하지만 햇빛 역시 하나님께서 우리에게 주신 선물입니다. 우리는 폭풍우에 흠뻑 젖어서 태양이 구름을 제치고 나타나는 것을 깨닫지 못할 수도 있습니다. 그런 가운데서는 햇빛이 얼굴에 따뜻하게 비치는 것을 느끼거나 잠깐 동안이라도 햇빛을 인하여 하나님 아버지께 감사하는 것은 고사하고 그 햇빛을 보지도 못합니다.

지금까지 우리는 이 책에서 우리의 초점을 크고 작은 문제점들과 고통들, 즉 파도와 새는 틈들에 맞추어서 이야기했습니다. 그러나 하나님께서는 마지막에는 "고요하라!"라고 명하여 광풍을 잠잠케 하시는 것은 물론 폭풍우가 몰아치고 있는 동안에도 간간이 햇빛과 따스함과 즐거움을 우리에게 주십니다. 이런 밝은 순간들을 맛볼 수 있는 방법을 배우지 않고, 또 때가 되면 하나님께서 그 폭풍우를 멎게 해주실 것이라는 사실을 기억지 않는다면, 우리는 즐거움을 모르고 패배하는 삶을 살게 될 것입니다.

내 생의 폭풍우가 지나가고 잠잠해졌을 때, 나는 그것이 내게 준 교훈을 분명하게 볼 수 있었고 그것들을 내 삶 가운데 깊이 스며들게 할 수 있었습니다. 아마도 인생의 보다 더 큰 파도들이 맹렬할 때에는, 그 교훈들을 이해하려고 하기 전에 그 폭풍이 잠잠해질 때까지 기다려야 할 것입니다. 히브리서 12:11은 우리에게 이렇게 일깨워 주고 있습니다. "무릇 징계가 당시에는 즐거워 보이지 않고 슬퍼 보이나 후에 그로 말미암아 연달한 자에게는 의의 평강한 열매를 맺나니." 모든 폭풍우가 다 하나님으로부터 온 징계, 즉 훈련의 범주에 든다고 믿지는 않지만, 어쨌든 폭풍우가 끝나고 그로 말미암아 의와 평강이 찾아올 때 우리는 우리에게 일어났던 일을 이해하게 되는 것입니다.

그러나 생의 작은 폭풍우들이 있는 동안에 잠깐씩 찾아오는 즐거움과 기쁨을 보지 못한다면, 우리는 하나님의 풍성한 은혜에 둘러싸여서도 빈곤하게 살아갈 수밖에 없습니다. 그래서 지금부터는 폭풍우와 햇빛을 다 같이 다스리시는 하나님의 인자하심에 대해 살펴보고자 합니다. 내가 기도하는 것은, 폭풍 끝에 오는 큰 고요함을 대할 때나 그 중간에 찾아오는 짧은 순간순간의 햇빛을 대할 때, 늘 우리가 마음속에 가두어 두고 자주 당하던 갈등들에 생각을 빼앗기지 말고 하나님께서 주시는 즐거움에 우리의 눈을 고정시킬 수 있게 해달라는 것입니다. 다윗은 시편에서 자기 마음의 행복을 위해서 "하나님의 선하심을 헤아렸다"라고 말했습니다. 그러므로 우리는 하나님께서 주실 즐거움을 찾는 사람들에게 하나님께서 부어 주실 생의 즐거움에 우리의 생각을 모으도록 합시다.

11
세부적인 일을 다 주관하시는 하나님

데이비드는 낙심이 되어 의자에 몸을 푹 파묻고 있었습니다. 그는 키가 커서 허리를 약간 굽혀야 내 눈을 바라보며 대화를 나눌 수 있었습니다. 실망과 절망의 빛이 그의 얼굴에 역력히 나타나 있었습니다.

부부들을 대상으로 한 결혼 생활 세미나에서 남편과 내가 말씀을 전하고 난 후의 일이었습니다. 내가 한 어떤 말 때문에 데이비드는 그 모임이 끝나자마자 내게로 달려와 상담을 요청했습니다. 그에게 문제가 된 것은, 어떤 사람들은 하나님을 저 멀리 '높은 곳에' 계신 분으로만 느끼고 있다는 말이었습니다. 그러나 우리가 하나님과, 그리고 남편(아내)과, 하나님께서 원하시는 관계를 맺기 위해서는 하나님을 우리의 삶 가운데로 모셔 들여서 우리의 마음 가운데서 사시도록 해드려야 한다는 말을 했었습니다.

데이비드는 이렇게 말했습니다. "오늘 아침 선생님께 찾아와서 말씀드리지 않을 수가 없었습니다. 아내와 저는 원만한 결혼 생활을 하고 있어서 아무 문제가 없습니다. 그런데 선생님께서 말씀하신 대로 하나님께서는 제게서 멀리 떨어진 저 높은 곳에 계신 분같이 느껴집니다. 하나님에 대한 지식은 많지만 그 지식이 가슴에까지 도달하지는 못하고 있어요. 저는 생활 가운데서 하나님을 별로 느끼지 못한 채로 살고 있습니다."

대화를 나누면서 보니 데이비드는 예수 그리스도를 주님으로 영접한 사람이었습니다. 그는 성경공부도 해오고 있었고 신앙 서적도 많이 읽었으며 좋은 교회에 다니고 있었습니다. 그러나 아직까지 하나님의 임재하심을 느껴 본 적이 없었습니다. 그는 너무나 절망을 느껴서 어떻게 이런 식의 신앙생활을 더 계속할 수 있을지 의문이라고 했습니다.

대화를 계속해 나감에 따라 성령께서는 데이비드가 공허함을 느끼는 이유를 좀 더 분명히 이해할 수 있도록 해주셨습니다. 그는 암 병원에 근무하고 있었습니다. 이 사실을 알게 되자 내 머릿속에 먼저 떠오른 것은 조이가 암으로 고통을 받고 있을 때 내가 느꼈던 혼동된 감정이었습니다. 그때 나는 한편으로는 하나님께 도우심을 구하고 임재하심을 보여 달라고 부르짖으면서도, 또 다른 한편으로는 조이에게 저런 고난과 고통을 허락하시기 때문에 나는 행복을 느낄 수 없다는 것을 보여 드리겠다는 무의식적인 생각으로 하나님과 거리를 두고 있었던 것입니다.

데이비드는 자신이 처한 상황을 이해해 감에 따라 안목이

넓어지기 시작했습니다. 직업상 그는 매일같이 암 환자들의 고난과 고통을 대하지만 자신의 힘으로는 어떻게 해줄 수 없어서 무력감을 느낄 뿐이었습니다. 그것을 깨닫지 못한 채 그의 시선은 자신이 돌보고 있는 사람들의 절망적인 문제 자체에 너무나 강하게 고정되어 있었습니다. 그리하여 그는 그 고난이라는 두터운 베일 때문에 하나님을 진정으로 볼 수가 없었던 것입니다. 그러고서는 마음속으로 하나님께서 그 베일을 찢어 버리실 수 있도록 그분께 맡기지도 않고 있었습니다.

대화를 나누면서 발견한 두 번째 요인은 기도에 대한 데이비드 자신의 잘못된 생각이었습니다. 그는 중요한 영역에 대해서만 기도해야 한다고 생각하고 있었습니다. 작은 것들에 대한 기도는 이기적인 기도라고 생각하고, 하나님께서는 보다 크고 중요한 것들에만 주의를 기울이실 것이라고 믿었습니다. 데이비드는 하나님께서 모든 문제에 일일이 간여하실 만큼 시간이 많지는 않을 거라고 생각했습니다.

그런 생각을 가지고 있으니 생활 가운데서 하나님의 임재를 느끼지 못하는 것도 무리가 아니었습니다!

그렇게 생각하는 사람은 데이비드뿐만이 아닙니다. 남편이 그리스도를 믿지 않는 집의 부인들은 그 남편의 구원만을 위해 기도하며, 아들이 비뚤어진 길에 빠져 있는 늙은 어머니들은 그 아들만을 위해 기도합니다. 그들은 자신들이 그 문제만을 위해 기도하고 다른 문제들로 하나님을 성가시게 해드리지 않는다면 하나님께서 그들의 원하는 영역에 보다 더 강하게 역사하실 것이라고 생각하는 것 같았습니다.

그러나 하나님께서는 "구하라, 그러면 너희에게 주실 것이요… 구하는 이마다 얻을 것이요"(마태복음 7:7-8)라고 말씀하십니다. 하나님께서는 너무나 능력이 많으신 분이기 때문에 매일같이 우리 한 사람 한 사람을 위하여 헤아릴 수 없이 많은 것들을 생각하고 계십니다. "하나님이여, 주의 생각이 내게 어찌 그리 보배로우신지요! 그 수가 어찌 그리 많은지요! 내가 세려고 할지라도 그 수가 모래보다 많도소이다"(시편 139:17-18상).

어째서 하찮은 문제들로 시간 낭비를 하지 않기 위해 두세 가지의 제목만 가지고 기도해야 한다고 생각합니까? 하나님께서는 우리 삶의 모든 작은 일 하나하나에 다 참여하고 싶어 하십니다. 하나님께서는 우리에게 자신을 나타내 보여 주기를 원하시지만, 우리의 생각이 그 한 가지 기도 제목에만 온통 쏠려 있다면 하나님께서는 자신을 다 나타내 보여 주지 못하십니다. 우리는 하나님께서 우리에게 주려고 준비하신 모든 필요한 것들, 채워 주려고 하시는 것들, 원하시는 것들을 구하지 않아서 받지 못하게 되는 것입니다. 우리가 구하지 않거나 필요로 하는 것같이 보이지 않는다면 하나님께서는 굳이 우리의 뜻을 거슬러 가면서까지 그것들을 주려고 하시지는 않을 것입니다. 따라서 우리는 하나님께서 우리의 삶 가운데서 일으키기를 원하시는 크고 작은 기적들을 보지 못하는 가운데 영적으로 빈곤한 삶을 살게 될 것입니다. 그렇게 되면 그분의 임재하심을 느끼지 못하는 것이 당연합니다.

바로 오늘 우리의 영적 눈을 흐리게 하는 눈곱을 닦아 내고 하나님의 따뜻하심을 보고 느낄 수 있게 해주시기를 구하십시오. 먼저 우리의 시선을 주님께 고정시키고 우리 삶의 모든 세세한 부분들 가운데 미치는 하나님의 능력이 얼마나 놀라운지를 나타내실 수 있게 해드려야 합니다.

어느 날 남편과 함께 차를 타고 가다가 극장에 걸린 광고판을 보고 동시에 웃음을 터뜨리면서 똑같이 합창하듯 중얼거렸습니다. "얼마나 정확한가!" 두 영화 제목이 나란히 걸려 있었는데 이렇게 쓰여 있었습니다.

오, 하나님
오직 한 분

오직 한 분이신 하나님이시요, 놀라우신 하나님이십니다! 그 사실이 내게 처음으로 비춰 오던 때를 나는 지금도 생생하게 기억하고 있습니다. 대학 1학년 때의 일입니다. 어느 모임에 갔을 때 한 학생이 일어서서 이런 간증을 했습니다. 자기는 고등학교 때 지각을 하지 않음으로써 늘 하나님께 영광을 돌려야 한다고 결심하고 있었습니다. 그의 아버지는 목사였는데, 어느 날 아침

등교하려는 아들에게 열쇠를 주면서 가는 길에 교회당 문을 잠가 달라고 말했습니다. 아버지 말씀을 따라 교회에 가서 문을 잠그려고 보니 다른 열쇠였습니다. 거기서 더 이상 지체하다가는 학교에 지각을 할 것 같았습니다. 그래서 그는 그 열쇠를 가지고도 문을 잠글 수 있게 해달라고 기도한 후 시도를 해보았습니다. 문은 잠가졌고 학교에 지각도 하지 않았습니다.

그날 저녁에 아버지가 "애야, 너 교회당 문을 잠그지 못했겠구나" 하고 아들에게 말했습니다.

아들은 "왜요? 문이 잠겨 있지 않던가요?" 하고 물어 보았습니다.

아버지는 "다른 일에 바빠서 확인은 못해 봤다만, 내가 다른 열쇠를 주었으니 어떻게 그걸 잠글 수 있었겠느냐?"라고 했습니다.

이런 간증을 들으면서 나는 그런 작은 기적이 일어났다는 사실뿐만 아니라, 학교에 늦지 않게 갈 수 있도록 기적을 일으켜 주신 그리스도의 그 깊은 사랑의 보살핌에 크게 놀랐습니다.

복음서들을 보면 사람들이 예수님에 대해 거듭거듭 놀라는 모습들이 나옵니다. 마가복음을 보면 특히 '그리스도께 대해 크게 놀라는' 것을 잘 볼 수 있습니다. 예수님께서 야이로의 딸을 살리셨을 때 '사람들이 곧 **크게** 놀라고 놀랐습니다'(마가복음 5:42). 그분이 물 위를 걸으셨을 때 "제자들이 마음에 **심히** 놀랐습니다"(마가복음 6:51). 그분이 귀머거리를 듣게 하시고 벙어리를 말하게 하셨을 때 "사람들이 **심히** 놀랐습니다"(마가복음 7:37). 사람들은 또한 그분의 지혜에 놀랐습니다(마가복음 12:17).

이 사람들만이 그리스도의 뛰어나심에 놀란 것은 아니었습니다. 그리스도께서 자기의 심문에 아무 변명도 안 하시는 것을 보고 빌라도 놀라서 기이히 여겼습니다(마가복음 15:5). 예수님의 말씀을 듣는 자들이 그분의 가르침을 듣고 놀랐으며(마가복음 6:2), 온 무리가 예수님을 보고 심히 놀라며 달려와 문안했습니다(마가복음 9:15).

사람들이 왜 계속해서 그리스도를 보고 놀라는가를 이해하기는 쉽습니다. 그러나 예수님께서 문둥이를 고치시고, 소경의 눈을 뜨게 하시며, 죽은 자를 살리시고, 군중을 먹이시는 것을 몇 달 동안이나 계속해서 보아 온 제자들은 덜 놀랐어야 했을 것입니다. 최소한 두려워하지는 않았어야 했습니다. 그러나 그들은 때로 두려워하기까지 했습니다. 그들도 우리와 마찬가지로 더디 배우는 사람들이었습니다. "이는 저희가 그 떡 떼시던 일을 깨닫지 못하고 도리어 그 마음이 둔하여졌음이러라"(마가복음 6:52). 이적들이 한 가지도 그들의 마음속에 인상 깊게 남지 않았기 때문이었던 것 같습니다.

우리도 다를 바 없지 않겠습니까? 그리스도께서 그 신실하심을 내게 천 번이나 증명해 보여 주신 후에라도, "이번에는 주님께서 아마 그걸 해주지 않으실걸!" 하는 작은 의심이 한 가지만 생겨도 그것이 나를 괴롭힙니다. 내 마음에 생긴 그 의심을 지울 수만 있다면 얼마나 좋겠습니까!

그리스도께서는 정말 놀라우신 분입니다. 그분의 위대하심에 대해서는 경외감을 느낍니다. 그러나 나는 그분께서 내 삶 가운데서 행하시는 일 때문에 놀라워하고 싶지, 그분이 그것을 하실 능력이나 뜻을 갖고 계시다고 해서 놀라워하고 싶지는 않습니다. 그분의 능력이 나타날 때 나는 마음속으로 '야! 저걸 봐!' 하고 외치고 싶습니다. 내가 보기에 이 능력은 그분께서 나의 생에서 사소한 사건들을 계획하고 준비하셨던 가운데서 가장 잘 드러납니다. 그분께서 폭풍을 준비하시고, 배를 띄우시며, 바다를 잠잠케 하실 시간까지 정확하게 예정하신 것까지도 그렇습니다.

마가복음 14:13-15에 기록된 일은 앞날의 일을 미리 생각하시는 그리스도의 놀라우신 능력을 다시 한 번 보여 주고 있습니다. 예수님께서는 제자들을 보내시며 어느 집 주인에게 예수님과 그 제자들이 유월절 음식을 먹을 객실이 필요하다는 사실을 알리라고 말씀하셨습니다. 그 집 주인은 그들에게 "자리를 베풀고 예비된 큰 다락방을 보여 주었습니다."

이 일에 대해 깊이 생각해 보십시오. 그 다락방이 어떻게 해서 '자리를 베풀고 예비된' 상태가 되었겠습니까? 그 집 주인이 이전부터 예수님과 어떤 특별한 친분이 있어서 늘 유월절 잔치를 위하여 그 방을 그렇게 예비해 왔었을까요? 아니면 성령께서 그 사람의 마음에 역사하셔서 그리스도를 위해 이번만 유월절 잔치를 예비하도록 만드셨겠습니까? 하늘나라에 가보면 물론 그 이유를 알게 되겠지만, 그 방이 그렇게 예비되도록 하기까지 주님께서 얼마나 많은 환경들에 개입하셨을까에 대해 나는 궁금해하지 않을 수 없습니다. 그 유월절 자리가 마련되기 전 주님을 예루살렘으로 모시기 위해 나귀를 준비하는 데는 또 어떤 일들이 이루어져야 했겠습니까?

하나님께서 어떤 일을 추진하실 때, 그 일 자체에 드는 만큼의 노력을 그 준비에도 들이신다는 사실을 기억하고만 있다면, 나는 잘못되지나 않을까, 실망하지나 않을까, 늦어지지나 않을까 하는 염려를 하지 않아도 될 것입니다. 그분께서는 일을 그르치지 않도록 도와주시는 하나님이시요, 실망을 하지 않게 인도해 주시는 하나님이시며, 늦지 않게 막아 주시는 하나님이십니다.

목사이자 저술가인 앨런 레드패쓰는 다음과 같이 말합니다.

하나님 아버지와 주 예수 그리스도를 먼저 거치지 않고 내게 곧바로 들이닥치는 환경이나 시련이나 시험은 절대로 없다. 만약 하나님 아버지와 주 예수 그리스도를 거쳐서 내게까지 오는 것이라면 거기에는 큰 목적이 있을 것이나, 그 당시에는 내가 이해하지 못할 수도 있다. 하지만 내가 당황하지 않고 눈을 높이 들어 주님을 바라보며, 그것을 내게 축복을 주기 위한 어떤 큰 목적을 가지고 하나님의 보좌로부터 온 것으로 받아들인다면, 슬픔이 나를 뒤흔들지 못하고, 시련이 나를 얽매지 못하며, 환경이 나를 쓰러뜨리지 못할 것이다. 왜냐하면 나는 **내 주님께서 어떤 분이신가를 아는 데서 오는 기쁨 가운데 안식할 수 있기** 때문이다. 그것은 승리의 안식이다.

아, 우리는 우리의 주님께서 어떤 분이신가를 아는 데서 오는 기쁨 가운데 안식할 수 있었습니다! 우리는 그분께서 놀라우신 그리스도라는 사실을 언제나 믿을 수 있었고 기억할 수 있었습니다! 주님께서는 앞일을 생각하시는 놀라운 분이시요, 모든 세밀한 것을 다 계획하시는 놀라운 분이시요, 우리를 기쁘게 해주려는 뜻을 갖고 계신 놀라운 분이십니다. 우리의 마음은 항상 "도대체 이분은 누구신가?"라는 물음에 대한 대답이 우리의 삶을 통해서 울려 나오도록 기대에 부풀고 경이에 가득 차서 기다려야 합니다. "그분께서는 주님이시다. 그분께서는 우리의 놀라운 주님이시다."

적용을 위한 성경공부

1. 시편 40-43편을 읽으십시오.

2. 이 시편들에 그려진 다양한 감정들을 열거하고 각각에 대한 예가 되는 성경 구절들을 들어 보십시오.

3. 시편 기자는 자신의 감정을 다 쏟은 후에는 항상 무엇으로 되돌아갑니까?

4. 이러한 사실은 다음의 것들에 대하여 당신에게 무엇을 말해 주고 있습니까?
   (1) 하나님께 정직해짐
   (2) 감정들
   (3) 나쁜 감정들을 다스림

5. 위의 시편들 중에서 당신에게 의미가 깊은 것을 한 구절 암송하십시오. 그 구절을 써서 눈에 잘 띄는 곳에 붙여 두고 이번 한 주 동안 매일같이 묵상하십시오.

6. 아직까지 기도 제목을 써본 일이 없다면 이번 주에는 시간을 내어 기도 제목을 써가며 기도하십시오. **한 여인이 걸어온 제자의 길**(네비게이토 출판사)에 자세한 내용이 소개되어 있습니다.

기도 노트를 사용하고 있다면 새롭게 써보십시오.

당신이 하나님께 기도하고 있는 것 중에서 가장 큰 것은 무엇입니까?

가장 작은 것은 무엇입니까?

이것은 당신의 기도 생활에 어떤 의미를 가지고 있습니까?

12
햇빛을 비추시는 하나님

호프 맥도널드 여사가 순종의 기쁨에 대하여 쓴 책을 읽어 보면 브라질에 살고 있는 도나 제시라는 친구 이야기가 나옵니다. 그 친구는 열세 명의 아이들, 그리고 두 명의 어른들과 함께 작은 방이 셋 있는 집에서 살고 있었습니다. 호프가 도나에게 전도를 해서 그리스도를 영접하게 된 당시 도나의 나이는 서른일곱 살밖에 되지 않았지만 겉보기에 일흔 살은 되어 보였습니다. 도나가 회심한 후 일 년간 호프는 도나의 영적 성장을 도와주었습니다. 다음은 그 책의 일부분입니다.

도나가 주님의 사랑과 주님을 아는 지식 안에서 성장해 나가는 것을 지켜보면서, 나는 도나의 삶 가운데 오직 하나님만이 주실 수 있는 어떤 변화가 일어나고 있다는 것을 알게 되었습니다. 도나의 얼굴은 주님으로 인한 즐거움으로 생기가 돌아왔습니다. 도나의 눈은 반짝거렸고, 하나님의 말씀에 관해 배울 수 있는 것은 모조리 배우겠다는 끝없는 갈증이 도나를 사로잡았습니다. 일 년 후 어느 날, 도나네 작은 집 뒷문을 들어섰을 때 나는 뭔가 달라진 것을 알아차렸습니다. 도나는 피로한 기색이 역력한 얼굴로 나를 맞이한 후 그동안 자신에게 일어났던 일을 이야기했습니다. 6일 전에 북부 지방에 살던 여동생이 도나의 집에 살러 왔다는 것이었습니다. 여동생은 열 명이나 되는 자녀를 데리고 왔는데 그들은 모두 입병에 걸려 있었습니다. 그리하여 도나 제시의 열세 아이들도 반 이상이 그 병에 전염되었습니다. 세 개의 작은 방은 앓는 아이들로 가득 찼습니다. 다들 고열이 나고 감염된 상처 때문에 입이 부어 있었습니다. 내 앞에 서 있는 지치고 힘없는 여인을 바라보았을 때 내 마음속에는 형언할 수 없는 슬픔이 가득 찼습니다. 그 작은 집에 스물일곱 명이나 함께 살고 있는데다가, 대다수가 심하게 앓고 있다니…. 장작을 때는 조그마한 풍로에서 도나는 하루에 세 끼씩 식구들을 먹일 음식을 꼬박꼬박 준비해야 했습니다. 끝도 없는 요구가 도나를 한시도 쉬지 못하게 만들었습니다.

"도나, 이런 가운데서 지내니 고생이 얼마나 많습니까?" 하고 조용히 말했더니 도나는 갑자기 환한 미소를 지으며 대답하는 것이었습니다. 도나가 한 말을 나는 평생 잊을 수 없습니다. "바로 여기 내 마음속에는 평안이 가득 차 있습니다. 난 새벽 네 시 반 다른 사람이 일어나기 전에 일어나서 여기 와 식탁에 앉아서 성경을 읽고 기도하며 **하나님께서 내게 내려 주신 많은 복을 생각하며 하나님께 감사를 드립니다!**" 도나가 처해 있는 소망 없는 환경을 둘러보면 축복은 하나도 찾아볼 수 없었습니다. 그러나 도나에게는 감사할 제목들이 가득 있었습니다!

도나 제시에게는 어떤 환경 가운데서도 예수님께서 우리에게 주시는 내적인 즐거움이 있었습니다. 이 즐거움은 외적인 환경이나 다른 사람들과는 아무 상관이 없습니다. 그것은 오직 내부에서 흘러나올 뿐입니다.

지속적으로

언제나

끊임없이 흘러나옵니다.

우리는 눈을 들어 우리의 구주를 바라보고 폭풍우를 바라보지 말아야 합니다(히브리서 12:2 참조). 우리는 큰 폭풍우 속에 들어갈 때, 폭풍우 가운데 있을 때, 그리고 폭풍우를 벗어날 때, 주님의 임재하심을 감지할 수 있는 능력을 달라고 하나님께 기도해야 합니다(이사야 41:10 참조). 또한 그분의 임재하심을 느끼지 못할 때는 하나님의 약속들에 매달려야 합니다.

그래요. 하지만 어떻게? 를 물을 때, 먼저 취해야 할 단계는 독특한 것, 사랑스러운 것, 유머러스한 것을 적극적으로 찾는 일입니다. '참되며, 경건하며, 옳으며, 정결하며, 사랑할 만하며, 칭찬할 만한'(빌립보서 4:8 참조) 것을 적극적으로 찾아야 합니다. 우리는 또한 우리 자신에게, "오늘, 이 상황에서, 이 순간, 기쁨이 되고 감사가 될 수 있는 어떤 것을 찾을 수 있는가?"를 물어 보아야 합니다.

우리 어머니는 먹구름이 잔뜩 낀 캄캄한 날에도 햇살의 고마움을 배우는 일에서 내게 본을 보여 주셨습니다. 가시와 엉겅퀴로 뒤덮인 깊은 골짜기를 지날 때라 할지라도 어머니는 야생 장미가 피어 있는 것을 알아내곤 하셨습니다.

최근 지하실 정리를 하다가 어머니의 회고록이 들어 있는 상자를 하나 발견했습니다. 그 안에 들어 있던 것들 중에서 가죽으로 표지를 씌워 직접 만드신 스크랩북을 참 재미있게 읽었는데, 그 안에는 어머니가 아버지와 연애하시던 때의 일화들, 성악과 피아노를 전공하던 대학생 시절의 꿈, 눈앞에 펼쳐진 낭만과 즐거움이 가득 찬 세계의 추억거리들이 한꺼번에 철해져 있었습니다.

그 상자 안에는 말년에 쓰신 세 권의 일기장도 들어 있었습니다. 아버지가 돌아가신 지 6년 후 어머니가 정서적인 어려움으로 요양원에 들어가셔서 보내신 3년간의 일기였습니다.

특기할 만한 것은 대학 시절의 스크랩북과 병원에서 쓰신 일기들이 다 같이 인생의 즐거움을 나타내고 있다는 것이었습니다. 그러한 즐거움은 연세가 드실수록 점점 더 커졌다는 사실이 그 글 속에 생생하게 나타나 있었습니다. 일기장 안에는 말린 꽃과 단풍잎, 그리고 새의 깃털이 정성스럽게 붙여져 있었습니다. 이 세 가지는 어머니가 하나님께서 지으신 창조물의 일부로 생각하고 즐기신 것들이었습니다.

한 일기장의 면지에는 어머니의 삶의 특징을 잘 나타내 주는 이런 짧은 글귀가 적혀 있었습니다. "내 작은 돛단배가 이국을 향하여 정든 해안에서 멀어져 갈 때, 눈앞에 펼쳐지는 대해는 그분의 영광스러운 모습을 대하게 하도다."

어머니는 늘, 달리 생각하면 무서운 상황이 될 수도 있는 상황에서 무언가 재미있는 것을 건져 내셔서 시를 쓰셨습니다. 요양원에 입원하시자마자 이런 작은 보석 같은 시를 쓰셨습니다.

넌 아무렇지도 않다는 듯이
애써 얼굴에 미소 지으며
이곳으로 들어왔다.
하지만 들어오기 전
넌 방랑자가 된 기분이었고
머리까지 좀 빠졌었다.

네가 몸을 움츠리고 앉아 있는 동안
환자복이 지급되고
네 옷은 치워졌다.

웃음과 함께 목욕실로 인도되어
몸을 말끔히 씻었다.

아아, 쓰라린 경험이여.
그들은 너에게 알약을 주고,
엑스레이를 찍고, 찔러 보고, 살펴봤다.
묻고 시험하며
걸친 옷 안에 있는 걸 다 드러내 놓고
검사를 했다!

의사들은 의기양양해서
네 밀실에 감추어 둔 비밀들을
남김없이 털어 내놓게 했다.
모든 걸 다 쏟아 냈다고 생각했는데
그건 머릿속에 들어 있던 것이었을 뿐이다.
신경과민에 불과하다.
그러니 어떡할까?
집으로 돌아가자!

이 시를 읽으면서 나는 웃고 울었습니다. 어머니는 예민하고, 큰 재능이 있고, 창의력이 있는 분이셨습니다. 3년 동안이나 요양원에서 제한된 삶을 사신 것과 그러자니 얼마나 어려움이 많으셨을까를 생각하면 마음이 아팠습니다. 그러나 하나님께서 어떻게 어머니에게 즐거움을 누리도록 지켜 주셨을까를 생각하면 도전이 되고 경외감까지도 생겼습니다. 그렇다고 해서 어머니가 절망과 분노와 좌절감을 느낀 날이 없었다는 뜻은 아닙니다. 그러나 어머니의 일기의 전체적인 흐름은 즐거움을 나타내고 있었습니다.

우리는 그런 깨달음을 위해서는 기도해야 할지도 모릅니다. 내가 어머니의 그 낙천적인 성격은 물려받았지만 어려운 상황에서조차도 웃음을 찾을 수 있는 그런 능력은 물려받지 못했습니다. 나는 하나님으로 인한 즐거움을 볼 수 있고 즐길 수 있게 해주시기를 기도해야 합니다.

즐거워하는 심령을 기르는 데 필요한 또 하나의 큰 요소는 하나님의 선하심을 자주 헤아려 보는 것입니다. 조용히 앉아서 그분의 선하심을 깊이 숙고해 본 지가 얼마나 되었습니까? 해가 지는 것이나, 높고 푸른 하늘, 라일락 향기, 어린아이의 웃음소리들을 느끼지 못하고 지나간 날이 얼마나 많습니까?

우리 딸 린은 이제 성인이 되었습니다. 그 아이가 어렸을 때 작은 얼굴에 가지런히 단발해서 늘어뜨렸던 앞머리, 양쪽으로 땋아서 45도 각도로 늘어뜨렸던 뒷머리는 이제 기억의 눈으로만 볼 수 있을 따름입니다. 지금은 그 아이가 반짝이는 녹색 눈동자에 재빨리 미소 짓는 하트형 얼굴에 다갈색 머리를 부드럽게 빗어 넘긴 사랑스러운 여인으로 변했습니다.

햇빛을 비추시는 하나님　191

린의 곁에는 금발의 믿음직한 남자가 한 팔로는 아들(그들의 아들)을 안고 한 손으로는 린의 손을 보호하듯이 잡고 서 있습니다. 그 모습을 보면 내 가슴은 자랑스러운 마음으로 벅찹니다.

린과 팀이 과연 결혼을 하게 될까 의심했던 적도 있었음을 인정하지 않을 수 없습니다. 울음을 삼키려고 애쓰던 린의 전화 목소리를 지금도 생생하게 기억하고 있습니다. 5년 동안이나 서로 알고 지내면서 우정과 존경을 쌓아왔던 린이, 이제 그 우정이 사랑으로 변해 왔다는 사실을 깨달았던 것입니다. 그러나 팀은 린이 그렇게도 애타게 듣고 싶어 했던 구혼의 말을 그때까지 하지 않았었습니다. 그리하여 린은 점점 의기소침해 갔습니다. 그 아이는 콜로라도의 집에서 여름 학기를 마쳐서 대학 졸업 시기를 한 학기 앞당길 것인가(혹시라도 팀이 구혼을 하면 결혼을 할 수 있도록 하기 위해서), 아니면 다른 기회를 이용할까 하는 또 다른 갈림길에 서게 되었습니다. 우리는 함께 고민하며 그 아이를 위해서 기도했습니다.

전화를 한 지 며칠 되지 않아서 우리는 오클라호마의 어느 주말 수양회에서 옛 친구 몇 사람을 만나 인사를 나누고 있었는데, 홀 저쪽 편을 흘긋 바라보았다가 팀이 – 린이 사랑하는 팀이 – 서 있다는 놀라운 사실에 퍽 의아해하지 않을 수가 없었습니다.

'일리노이에 사는 사람이 도대체 무슨 일로 이 멀리까지 왔는가?' 도무지 알 수가 없었습니다. 그러다가 그가 오클라호마까지 찾아올 이유는 단 한 가지밖에 없다는 생각이 갑자기 내 머리를 스쳤습니다!

몇 분 후 우리는 우리 방에서 팀을 맞이했습니다. 팀은 간결하고도 기품 있게 우리 딸과의 결혼을 승낙해 달라고 청혼을 했습니다. 함께 자리에 앉아 하나님께 기도할 때 우리 눈에는 특별한 기쁨의 눈물이 핑 돌았습니다. 우리의 생애에 단 한 번밖에 누릴 수 없는 귀한 순간이었습니다! 팀은 우리를 직접 만나서 청혼하기를 무척이나 바라고 있었지만 오클라호마까지 올 형편은 못되었었노라고 말했습니다. 그러나 그저께 저녁 우리에게 막 전화를 하려는데 그의 룸메이트들이 왕복 비행기 표를 선물로 주더라는 것이었습니다! 고마운 친구들이었습니다! 그래서 그 길로 곧바로 비행기를 타고 와서 렌트카를 이용하여 수양회장까지 왔습니다. 다만 우리 딸 린과의 결혼 승낙을 얻기 위해서 말입니다. 누가 봐도 그는 린을 위하여 하나님께서 선택하신 매우 독특한 사람임에 틀림없었습니다.

우리의 삶 가운데서 그런 멋진 순간을 맛볼 수 있는 기회가 과연 얼마나 있을지 모르겠습니다. 내 삶 가운데서는 깊은 생각을 할 수 있는 많은 시간이 생의 즐거움에 드려지기보다는 문제점들에 더 많이 소모되는 것 같습니다. 하지만 빌립보서 4:8은 이렇게 말합니다. "종말로 형제들아, 무엇에든지 참되며, 무엇에든지 경건하며, 무엇에든지 옳으며, 무엇에든지 정결하며, 무엇에든지 사랑할 만하며, 무엇에든지 칭찬할 만하며, 무슨 덕이 있든지, 무슨 기림이 있든지, 이것들을 생각하라." 하나님께서는 우리 마음의 생각이 어떠한가 하는 것이 바로 우리 자신의 됨됨이를 나타낸다고 말씀하셨습니다(잠언 23:7 참조). 이것은 곧 삶에 대한 우리의 태도는 우리의 마음속에 무슨 생각이 들어 있는가에 따라서 결정될 것이라는 사실을 보여 주고 있습니다. 만약 빌립보서 4:8 말씀을 끊임없이 진정으로 실천한다면 우리의 나날은 틀림없이 보다 기쁘고 즐거워질 것입니다. 그렇다고 해서 부정적으로 생각하는 경향이 있는 사람들이 그렇게 하기가 특별히 쉽다는 뜻은 아닙니다. 하지만 하나님께서 우리에게 명령을 주실 때에는 반드시 순종할 수 있도록 성령 안에서 능력도 함께 주십니다. 그러므로 우리는 그렇게 할 수 있는 것입니다!

나는 이따금 사랑의 즐거움에 대하여 생각해 보고 그것을 기록해 왔는데, 찬양과 감사 제목을 쓰는 난 맨 위에는 자상한 남편을 주신 것에 대한 기쁨이 기록되어 있습니다.

요전 날 저녁에 뒤뜰에서 일어났던 일입니다. 11월 하순이라 초저녁인데도 하늘이 캄캄했습니다. 나는 새로 산 가스 바비큐 버너를 켰습니다. 아직 작동법에 익숙해지지 않았던 관계로 덮개를 젖히지 않은 채 켰기 때문에 그 안에 갇혀 있던 가스가 섬광을 내며 꽝 하고 폭발했습니다. 그 불꽃이 순간적으로 내 손을 치는 바람에 나는 기겁을 해서 비명을 지르며 손을 움츠렸습니다. 순간적으로 놀라기는 했지만 다치지는 않은 것같이 느껴졌습니다.

남편은 조깅을 마친 후 운동복을 벗다 말고 폭발음과 내 비명 소리를 듣고 놀라서 윗도리는 벗은 채로 얼굴이 새하얗게 질려 현관문을 박차고 뛰어나왔습니다.

"여보, 괜찮아?"

걱정하는 그를 괜찮다고 안심시키자 그는 내 손을 붙들고 자세히 살폈습니다. 약간 빨개지고 좀 그을렸을 뿐 화상은 입지 않았습니다. 그러나 남편은 들어가지 않고 바비큐 조리를 다 해주고 나서야 옷을 입으러 들어갔습니다.

그 사실에 나는 이렇게 기도했습니다. "오, 아버지 하나님. 이처럼 자상하고, 사랑이 많고, 즉시 내게로 와주는 남편을 주셨으니 너무나 감사합니다. 얼마나 큰 기쁨이며 즐거움인지, 얼마나 큰 특권이며 축복인지 모르겠나이다. 남편은 제가 필요로 하는 것을 채워 주기 위해 자기에게 필요한 중요한 것들을 얼마나 자주 포기하는지 모릅니다. 자상하게 나를 돌보아 주는 사랑하는 사람을 주신 그 기쁨을 인하여 아버지께 감사를 드립니다."

사랑하는 남편이 있고, 사랑하는 자녀들이 있으며, 사랑하는 친구들이 있습니다. 하나님께서는 얼마나 귀중한 선물들을 우리에게 주셨는지 모릅니다.

여동생 조이는 자녀들이 자기에게 사랑을 보여 준 일들에 대하여 이렇게 썼습니다.

여러 차례 수술을 하고 나니 피부의 상태가 나빠져서 턱에서부터 목덜미의 쑥 들어간 곳까지 약 5cm 가량의 큰 흉터가 생겼다. 이것은 사춘기 때 생겨난 것이어서 다른 아이들 때문에 나는 그걸 더 의식하지 않을 수 없었다. 그들은 무섭다는 얼굴로 그 흉터를 쳐다보기도 했고, 그게 얼마나 괴상하게 보이는지 소리를 지르기도 했다. 그 흉터를 가리기 위해 늘 고개를 숙이고 어깨를 움츠렸던 습관을 이겨 내는 데는 몇 년이나 걸렸다. 결혼하여 아들을 낳고 딸을 낳았다. 딸아이가 일곱 살 되었을 무렵 나는 그 흉터를 어느 정도 가릴 수 있는 화장법을 알게 되어 가능한 한 그것이 사람들 눈에 띄지 않게 하려고 애썼다. 마침 내가 그 화장을 하고 있을 때 딸아이가 방에 들어와서 무얼 하고 있느냐고 묻길래 흉터를 숨기는 화장을 하고 있노라고 대답해 주었다. 그 아이는 눈을 동그랗게 뜨고 소리쳤다. "아냐, 엄마. 그렇게 하지 마! 난 그 흉터가 좋단 말이야. 그게 얼마나 **예쁘다구!**"

나는 내 귀를 의심하면서 놀라 그 아이를 바라보았다. 그 아이의 눈에는 진실과 사랑이 반짝이고 있었다. 그 흉터를 만지며 쓰다듬고 있는 딸아이가 너무나 귀여워서 꼬옥 껴안으며 **아름다움이란 정말로 보는 사람의 눈에 달렸구나** 하는 생각을 하게 되었다.

아이들의 익살과 상상은 우리에게 큰 즐거움을 안겨 줍니다. 아이들은 각 나이마다 하는 말과 행동에 독특하고 익살스러운 것들로 가득 차 있습니다. 내 가까운 친구의 아들은 이제 네 살인데 이렇게 기도를 했다고 합니다. "하나님, 계란을 낳는 닭을 주신 것 감사합니다. 우유를 내는 소를 주신 것 감사합니다. 국을 끓여 먹을 수 있는 돼지를 주신 것 감사합니다!"

그저께 또 다른 어린아이가 했던 이런 기도를 들었습니다. 그 아이는 엄마와 아빠와 할아버지와 할머니와 어른들을 위해 기도했습니다. 그 어머니가 누나와 동생을 위해서는 기도하지 않느냐고 묻자 그 아이는 "난 아이들을 위해서는 기도하지 않아요!"라고 하더라는 것이었습니다. 엉뚱한 그 생각이 참 재미있습니다.

어린아이들이 주는 즐거움은 한 번에 하나씩 뽑아내어 순간순간 맛보고 나서, 또 그것을 한꺼번에 묶어서 추억의 향기를 맡으며 맛볼 수 있습니다. 우리는 추억과 그 순간순간들을 추억의 유리 그릇 속에 넣고 생각의 덮개로 잘 덮어 두고, 그것들을 자주 즐기는 대신 그 추억들이 시들어 죽어 버리도록 방치해 두는 경우가 많습니다. 하나님께서는 실제로 '즐길 수 있는 모든 것'을 우리에게 주십니다.

내적 즐거움의 열쇠는 하나님 안에 단단히 싸여 있습니다. 하나님을 아는 지식이 곧 도나 제시에게 그런 어려움의 와중에서도 축복을 세어 볼 수 있는 힘이 되었던 것입니다. 구주께 시선을 고정시킬 때 우리 주위를 햇빛이 감싸고 있다는 것을 알아차릴 수 있는 능력을 얻습니다. 그분은 즐거움과 사랑의 주님이십니다. 그 사랑은 자녀, 남편, 그리고 친구들이 우리에게 부어 주는 그런 종류의 사랑만을 가리키는 것이 아닙니다. 주님께서 친히 우리에게 그 사랑을 확장시켜 부어 주십니다. 주님의 사랑은 우리를 용납하시는 사랑이요 끊임없이 우리에게 주어지는 사랑입니다.

어느 날 아침 나는 이런 글을 썼습니다.

> 그는 이렇게 생각했습니다. "주님, 오늘 아침 옷을 갈아입다가 세월이 흐르면서 생긴 작은 흉터, 혹, 흠들을 보았습니다. 주님께 드릴 제물은 흠이 없어야 한다는 성경 말씀에 비추어 보면 나 자신은 결코 열납될 만한 제물이 될 수 없다는 사실을 깊이 묵상했습니다."
>
> 주님께서는 이렇게 대답하셨습니다. "얘야, 나는 너를 흠이 없는 걸로 본단다. 네 영혼의 흠들 — 흉터와 점들 — 이 네 몸의 흠들보다 훨씬 더 크고, 그것이 너를 열납되지 못하는 제물로 만든다. 하지만 나는 너의 영혼도 완전한 걸로 보고 있다."
>
> 그러고 나서 그는 주님께서 하신 말씀을 상기했습니다. "전에 악한 행실로 멀리 떠나 마음으로 원수가 되었던 너희를 이제는 그의 육체의 죽음으로 말미암아 화목케 하사 너희를 **거룩하고 흠 없고 책망할 것이 없는 자**로 그 앞에 세우고자 하셨으니"(골로새서 1:21-22).

이 한 가지 진리만으로도 우리의 마음 가운데는 놀라움과 기쁨이 가득 차야 합니다! 하나님께서는 우리가 일찍이 이해할 수 있었던 것 이상으로 풍성하신 은혜를 우리에게 부어 주셨습니다. 그 은혜에 푹 젖어서 하나님께서 즐거움들을 하나하나 주실 때마다 주의 깊게 그것들을 맛보도록 합시다.

적용을 위한 성경공부

1. 시편 59:16-17을 읽고 하나님을 소리 높여 찬양하십시오.

2. 하나님께서 당신에게 내리신 모든 축복을 헤아려 볼 수 있도록 '축복 목록'을 기록하십시오. 여기에는 매일매일 당신이 하고 있는 작은 기도에 대한 응답들도 다 포함시키십시오.

3. 다음 구절들을 통하여 당신의 마음속에 즐거움을 주시기를 기도하고 나서 묵상을 하며 읽으십시오.

   "내가 아뢰는 날에 내 원수가 물러가리니, **하나님이 나를 도우심인 줄 아나이다**"(시편 56:9).

"대저 주의 인자는 커서 하늘에 미치고 주의 진리는 궁창에 이르나이다"(시편 57:10).

"내 영혼아, 네가 어찌하여 낙망하며 어찌하여 내 속에서 불안하여하는고? 너는 하나님을 바라라. 나는 **내 얼굴을 도우시는 내 하나님을** 오히려 찬송하리로다"(시편 43:5).

"나의 평생에 여호와께 노래하며 나의 생존한 동안 내 하나님을 찬양하리로다. 나의 묵상을 가상히 여기시기를 바라나니 나는 **여호와로 인하여 즐거워하리로다**"(시편 104:33-34).

13
즐거움을 주시는 하나님

주소 한 가지만 보고도 우리는 그 집이 마음에 꼭 들었습니다! 하나님께서 그 집을 살 수 있는 문을 열어 주셨을 때 그 집은 바로 행운의 집이었기 때문에 우리는 즐거웠습니다. 행운의 집이라 하면 '우연히 의외의 좋은 행운을 가져다주는 집'이라고 생각할 수 있겠지만 하나님께는 우연이란 없습니다. 모든 행운은 '기대하지 않았지만 하나님께서 미리 계획하신 것'이기 때문입니다.

하나님께서 구석구석에 그런 즐거움을 다 준비해 놓으셨지만 우리는 그것들을 못 볼 때가 가끔 있습니다. 이 장에서는 하나님께서 주시는 즐거움들에 대해 생각해 봄으로써 하나님께서 우리에게 즐길 수 있도록 예비해 두신 많은 것들을 깨닫는 시간으로 만들고자 합니다.

웃는 즐거움

나는 동물원 구경을 매우 좋아합니다. 거기서 볼 수 있는 피조물들만큼 하나님의 창조 사역을 극적으로 보여 주는 것들도 없을 것입니다. 발가락이 셋씩 달린 커다란 나무늘보를 보면 하나님의 유머 감각을 아무도 의심할 수 없을 것입니다. 늘보를 보지 못한 사람들을 위해서 설명을 좀 한다면, 이놈은 글자 그대로 느림보라 제 딴에는 최고 속도를 내도 굼벵이같이 느릿느릿 움직이며, 보기에도 우스꽝스럽게 생긴 피조물입니다.

자기의 형상을 따라 사람을 지으신 하나님께서 그 사람에게 '웃음'을 주셨습니다. 영적 은사들 가운데 웃음이 들어 있지는 않지만, 어떤 사람들은 영적 은사는 성경에 기록된 것만이 전부는 아니라고 생각하기도 합니다. 만약 영적 은사를 계속해서 더 기록한다면 아마 웃음도 포함될 수 있을지 모릅니다. 웃음이 영적 은사에 속하든 그렇지 않든 간에 그것이 우리에게 하나의 축복이라는 것만은 틀림없는 사실입니다.

웃음은 때때로 우리의 무거운 짐을 가볍게 해줍니다. 그것은 어둡고 침울한 마음속으로 햇빛이 뚫고 들어가도록 도와주며, 잠언 17:22 말씀에 따르면 '양약'이 되기도 합니다. 이 진리는 오늘날 문자 그대로 들어맞고 있습니다. 웃음은 스트레스로 인한 신경성 질병의 해독제가 될 수 있습니다. 어떤 의사들은 모든 질병의 90%는 스트레스와 관련이 있다고 주장합니다.

한 저명한 정신과 의사는, 결혼 대상자를 생각할 때 자기 자신에 대해서와 다른 것들에 대해서 웃어 버릴 줄 아는 사람을 택해야 한다고 말했습니다. 유머 감각이 풍부한 사람들은 대부분 웃을 수 있습니다. 어떤 사람은 "자기 자신에게 웃을 줄 아는 사람은 행복한 사람이다. 그에게는 즐거움이 끊이지 않을 것이다"라고 말하기도 했습니다.

같은 상황 가운데서도 다른 사람들은 찾지 못하는 유머를 찾아내어 그것을 가지고 다른 사람들의 삶을 좀 더 살기 좋게 만들어 주는 사람들도 있습니다. 조이가 바로 그런 사람이었습니다. 조이는 웃기를 좋아했습니다. 때로는 다른 사람들이 볼 때 하나도 우습지 않은 상황 가운데서 우스운 것을 찾아낼 수도 있었습니다. 말하는 것과 소리 지르는 것의 중간쯤 되는 조이의 높고 낮은 웃음소리는 듣는 사람들을 모두 그의 명랑한 분위기 가운데로 이끌어 들이곤 했습니다.

조이는 자주 웃었습니다. 그저 평범한 상황 가운데서 유머를 추출해 내어 덤덤했을 일을 이야기해도 듣는 사람들로 그를 따라 낄낄거리며 웃게 만들 수도 있었습니다. 조이는 유쾌한 이야기를 좋아했고 듣는 사람들에게 덕이 되는 것들을 이야기 속에 가미했습니다. 우리는 조이의 그런 점을 좋아했습니다.

조이와 프레드 부부가 처음으로 해외여행을 떠났을 때의 일입니다. 관광단이 모집한 관광 여행이었는데 만원 버스에 시달리는 고생스런 여행이었습니다. 짐들이 버스 통로를 메웠고, 어느 곳에서 정차하여 30분간의 관광 시간이 주어지면 45명이나 되는 단체 관광객들이 그 보따리들을 치우고 빠져나오는 데만 해도 그 시간을 다 까먹을 정도였습니다. 관광 안내원은 화장실이 어디 있는지조차 몰랐고, 그 때문에 관광객들은 여기저기 기웃거리며 화장실을 찾아다녀야 했습니다. 그런데 유럽의 여러 도시에서는 그렇게 해서 화장실을 찾을 수도 없었습니다! 한 사람은 그렇게 나갔다가 길을 잃어버려서 3일 후 몇 지방을 지나와서야 겨우 그 관광버스를 찾았습니다. 산길을 오를 때는 버스가 힘이 없어서 꼭대기까지 오를 수 있도록 하중을 줄이기 위해 몇 남자들은 내려서 걸어 올라가야 할 때도 있었습니다!

조이는 그 여행을 계획한 사람들에게 질려 버렸습니다. 하지만 나는 조이가 그 이야기를 들려줄 수 있는 얘깃거리를 얻는 것만으로도 여행비는 다 건졌다고 믿습니다. 우리는 그들이 당했던 우스꽝스런 상황들(하지만 그 당시에는 절대로 우습지 않았을 것입니다)에 대한 이야기를 들으면서 즐거워했습니다. 보통 사람들 같으면 너무나 기분이 나빠서 다른 사람들이 들으면 즐거웠을 얘기조차도 하지 않았을 것입니다.

웃지 않아야 할 때에조차도 웃어넘길 수 있는 능력은 대단히 유익한 점이 될 수도 있습니다. 조이는 시시때때로 그런 일들을 기록해 두곤 했는데, 그중의 하나를 다음에 소개합니다.

결혼한 지 얼마 되지 않아 남편 프레드는 내게 있는 많은 결점 중의 하나를 알게 되었다. 그 결점은 그 후 두고두고 그에게 불편을 주었다. 웃지 않아야 할 때에 웃는 내 버릇이 바로 그것이었다.

남편은 개를 별로 좋아하지 않았다. 미시간 북부의 소형 아파트 2층에 살 때에 내가 포메라니아종 작은 암캐를 사서 이름을 쇼니라고 붙였다. 어느 겨울 아침 눈이 많이 내려 마당과 계단에 잔뜩 쌓인 것을 보고 쇼니를 밖에 내보내어 놀게 해주었다. 남편은 면도를 하고 있는 중이었다. 내의 윗도리와 바지를 입고 발에는 보풀보풀한 슬리퍼를 신은 채로 거울 앞에 서서 면도를 하고 있었다. 갑자기 어디서 왔는지 모르지만 커다란 개 한 마리가 앞마당에 나타났다. 나는 잠옷 차림이었기 때문에 남편에게 우리 쇼니가 큰 개한테 물리게 된다고 소리쳤다. 남편은 면도를 하다 말고 반쪽은 그냥 거품이 묻어 있는 채로 '위기에 처한 우리 쇼니'를 구하러 급히 계단을 뛰어 내려갔다. 그는 쇼니를 날쌔게 붙잡아 가지고 올라왔다. 일단 마음이 진정되자 나는 깔깔거리며 웃었다. 남편의 모습이 너무나 코믹하게 보였던 것이었다. 그러나 남편은 그게 웃을 일이 아니라고 생각했다.

우리 쇼니는 매우 까다롭다. 남편도 그렇다. 쇼니는 몸에 흙이 묻으면 그걸 참지 못한다. 가끔씩 밖에 나가 놀게 해주면

돌아와서는 흙이 묻어 매우 싫어하는 모습을 보인다. 그러면 쇼니가 싫어하는 것을 씻어 주기 위해 물에 적신 스펀지로 닦아 주어야 한다. 나는 쇼니를 씻긴 후 물기를 말리기 위해 수건을 특별히 하나 준비해 두었다.

어느 날 저녁, 남편이 머리를 감다가 눈에 비눗물이 들어가서 깨끗한 수건을 잡는다는 것이 하필 개를 닦아 주는 수건을 잡고서 얼굴을 닦고 머리를 문지르며 거실로 들어왔다. "아니, 여보. 그건 쇼니 수건이에요!" 나는 소리를 지르며 신나게 웃어 댔다. 그는 어이없다는 표정을 지었다. 웃을 때가 아니었던 것이다.

여러분은 웃을 수 있는 능력, 자신이 처한 상황들 가운데서 유머를 찾을 수 있는 능력, '명랑한 마음'을 가질 수 있는 힘을 달라고 얼마나 자주 기도했는지 모르겠습니다. 그런 제목은 기도 노트에 기록해 두면 귀중한 자료가 될 수 있을 것입니다.

캘리포니아의 포리스트론 공원묘지에 가보면 실물 크기의 어린 소년과 소녀와 복슬강아지의 상이, 비석에 새겨진 설립자 헌장을 올려다보고 있어서 그 광경을 보는 사람들에게 무슨 글이 새겨져 있는지 궁금하게 만듭니다. 거기에 새겨진 글 중에 한 구절이 내게는 특별히 감명 깊어서 지금도 기억하고 있습니다. "나는 무엇보다도 미소를 지으시며 너와 날 사랑하시는 그리스도를 믿노라."

'미소를 지으시며 사랑하시는 그리스도'가 좋습니다. 물론 그분은 그렇게 하십니다. 최근에 본 예수님에 관한 영화는 누가복음을 중심으로 만든 것이었는데 그 영화에서는 그리스도께서 여러 차례나 소리 내어 크게 웃으시는 장면이 나옵니다. 예수님께서는 당시뿐만 아니라 지금도 그렇게 하실 거라고 믿습니다. 하루 일과를 보내다가 어떤 때는 고개를 흔들며 이렇게 생각하기도 합니다. '아, 주님. 주님 같으면 그 일에 대해서 한번 호쾌히 웃으셨을 겁니다!' 그렇게 생각하고 나서는 나도 깔깔 웃어 버립니다. 인생의 구석구석에 기대치 못했던 웃음과 즐거움이 숨겨져 있다는 사실이 기쁘지 않습니까? 하나님께서 우리에게 웃을 수 있는 힘을 주시기를 기원합니다!

나의 특별한 이름으로 인한 즐거움

"이건 너무너무 놀라운 일이야." 내 친구 한 사람이 신이 나서 내게 이야기했습니다. "다섯 살 난 우리 딸을 내가 '고집쟁이'라고 생각지 않기로 한 후로부턴 그 애가 얼마나 많이 변했는지 몰라. 몇 주 전에 하나님께서 내게 그런 부정적인 별명을 부르지 말고 긍정적인 별명을 생각해 보라고 말씀하셨어. 그래서 이제 그 아이를 '귀염둥이'라고 생각하기 시작했지. 그때부턴 그 애의 밝은 미소와 명랑한 태도를 칭찬해 주었어. 그 애가 얼마나 많이 달라졌는지 넌 모를 거야!"

심리학자들은 자기 성취 예언에 대해 말하면서 다른 사람이나 자기 자신을 부정적인 이름으로 부르는 것이 위험하다고 주의해 왔습니다. 돕슨 박사는 자기 자신을 포함하여 **누구에게라도** 비난을 하는 말 또는 깎아내리는 말을 하지 말라고 했는데, 나는 이 말에 감명을 받았습니다. 나는 어떤 어리석은 일을 했다 싶으면 속으로 나 자신에게 '캐롤, 이 멍청이'라고 하며 자책하는 버릇이 있었습니다. 돕슨 박사의 권면을 듣고서는 내가 어떤 짓을 하고 있는지를 깨닫게 되었습니다.

그러나 내가 마음속으로 얼마나 자주 다른 사람들을 판단하고 나름대로 그들에게 별명을 붙이고 있는가를 깨닫지 못하고 있었습니다. 나는 다른 사람들을 '시간을 잘 지키는 사람', '지각대장', '허풍쟁이', '일벌레', 기타 등등으로 생각해 왔습니다.

그런데 오늘 아침에 나보다 먼저 나를 긍정적인 이름으로 부르시고 한 걸음 앞서 나가시는 분이 하나님이시라는 사실을 나는 똑똑히 알게 되었습니다. 하나님께서는 독특하고 특별하고 좋은 이름으로 그 자녀들을 부르십니다. 하나님께서는 우리의 최선을 찾으시고 기억하시며, 우리를 보신 것에 합당한 이름을 주십니다.

하나님께서는 다니엘을 '은총을 크게 받은 사람'(다니엘 10:11)이라고 부르셨습니다. 주님께서도 다니엘이 가진 선한 성품에 대하여 칭찬을 하고 주목을 시켰습니다. 다니엘은 그런 모범이 될 만한 성품의 소유자였기 때문에, 나는 그가 그런 말을 들은 것은 그만한 자격이 있기 때문일 것이라고 생각했습니다.

그러나 사라의 경우는 문제가 달랐습니다! 사라는 하갈을 학대했고, 아브라함에게 솔직하지 못했으며, 천사에게 거짓말을 한 사람이었습니다! 그럼에도 하나님께서는 그 모든 부정적인 성품들을 다 간과하시고 사라를 '거룩한 부녀'(베드로전서 3:5-6)라고 부르셨습니다.

다윗은 살인자요 간음한 자며, 그밖에도 악한 일을 한 것이 있었지만, 하나님께서는 그를 '내 마음에 합한 사람'(사도행전 13:22)이라고 부르셨습니다.

내게 있어서 가장 감동적인 것은 요한계시록 2:17에서 하나님께서는 우리 각 사람에게 받는 자밖에는 알 사람이 없는 특별한 새 이름을 주신다는 사실입니다. 우리가 하나님께서 받아들이시고 사랑하신 자녀로서 받게 되는 그 새 이름은 좋은 이름이 틀림없을 것이라고 확신합니다. 내 이름은 과연 무엇일까 퍽 궁금합니다!

하나님의 관심의 대상이 되는 즐거움

나는 이것에 대해서는 오랫동안 생각하지 않고 있었습니다. 그러나 지난밤에는, 잠이 오지 않아서 자리에 누워 하나님께서 내 생을 지금까지 어떻게 이끌어 오셨는가를 돌이켜 보게 되었습니다. 그때서야 나는 하나님께서 처음으로 내게 자신의 존재하심을 보여 주셨던 그때의 일을 생생하게 기억해 낼 수 있었습니다. 그 일을 회상할 때 하나님께서 나를 위해 계획하셨던 일을 베푸시고 성취하시기 위하여 하셔야 했던 수많은 일들이 있었던 것을 생각하며 나는 경외감에 사로잡혔습니다.

나는 여덟 살도 채 되지 않았을 때 ― 그때가 아니었는지도 모르겠지만 ― 믿음에 대한 깊은 갈등을 시작했습니다. 그렇게 된 배경은 기억나지 않지만 내 마음속에는 며칠 동안이나 의심과 의문이 계속 일어났습니다. '내가 이런 동화 같은 걸 들어야 하나? 이 세상을 살펴주시고 나를 돌봐 주시는 하나님이 **정말** 계시는가? 하나님은 정말로 존재하시는가? 하나님이 계시다는 것을 사람이 어떻게 알 수 있는가?'

나는 아무에게도 내 갈등을 이야기하지 않고 속으로만 씨름을 하다가 어느 날 밤 미시간의 한 작은 읍내에서 그것을 밖으로 드러냈습니다. 그 읍내에는 우리와 친한 아주머니가 살고 계셔서 그 집을 방문했습니다. 그런데 그날 밤 나는 그 집의 긴 처마 밑에 만든 이층 방에서 자게 되었습니다. 그 방의 창문은 지붕이 슬로프형으로 비스듬히 아래쪽으로 내려 덮는 바람에 하늘이 보이지 않았습니다. 거기서 나의 갈등은 구체화되었습니다. 나는 하나님께 자신이 존재하고 계심을 나타내 달라고 도전했습니다. 도전이라고 해서 하나님께 주먹을 흔들며 "당신이 계신 걸 증명해 보시오" 하는 식으로 요구하는 것은 아니었습니다. 그런 도전과는 오히려 정반대로 나는 간절한 마음으로 애원의 기도를 올렸던 것입니다. "오, 주님. 저는 주님을 믿고 싶어요. 저는 주님께서 살아 계심을 알기를 간절히 원합니다. 제게 주님이 계심을 나타내 보여 주세요."

그러면서 나는 속으로 '하지만 어떻게 나타내시지?' 하는 생각을 했습니다. 환상을 보여 달라거나 하늘에서부터 음성을 들려 달라고 하면 안 될 것 같은 생각이 들었습니다. 그래서 당시 미숙한 나의 머리로 이런 것을 생각해 냈습니다. "오, 하나님. 하나님이 계신 걸 그냥 증명만 해주십시오. 창문으로 달빛이 환하게 들어올 때 절 깨워 주시면 하나님이 계신 걸로 알겠습니다."

그러고는 잠이 들었습니다. 나는 어리석은 소녀에 불과했습니다. 하나님께서는 달의 각도를 수십 도나 바꾸시고 달의 위치를 옮겨서 처마로 가려진 그 창문으로 달빛을 비취게 하실 수도 있다는 사실을 생각하지도 못했으니까요. 나는 그날 밤에 달이 뜨는지 안 뜨는지도 알지 못했습니다. 생각조차 하지 않았습니다. 그저 그 기도만 하고는 잠에 빠졌습니다.

그러나 하나님께서는 그것을 생각하시고 준비를 하셨습니다.

첫째로, 하나님께서는 그날 밤 아주머니 댁에 손님들을 몇 사람 더 보내셨습니다. 그들 때문에 내가 누워 자던 침대는 어른들이 사용하게 되고 나는 잠이 깨지 않은 가운데 거실에 있던 침대 겸용 소파로 옮겨졌습니다.

즐거움을 주시는 하나님

둘째로, 아주머니네 집 이층으로 올라가는 계단 층계참에 둥그런 창문이 있었는데, 층계참에 침대 겸용 소파를 들여놓고 가구로 막아서 방처럼 꾸며 거기에 나를 눕혔습니다. 하나님께서는 어른들로 그렇게 하도록 만드셨습니다.

셋째로, 하나님께서는 그날 밤 하늘을 맑게 하셨고 보름달이 비취게 하셨습니다.

그리하여 그날 밤 나는 마치 누가 내 어깨를 부드러운 손길로 만지는 것 같아서 잠이 깼습니다. 그런데 그 둥그런 창문 안에 꼭 짜 맞추어 넣은 것 같은 보름달이 마치 스포트라이트로 비추듯이 나를 비춰 주고 있었습니다.

나는 침대에서 일어나 무릎을 꿇고 앉아서 기도했습니다. "오, 주님. 전 주님이 계시다는 것을 이제는 두 번 다시 의심하지 않겠습니다. 고맙습니다."

그 뒤로는 결코 의심하지 않았습니다. 그렇다고 모든 의심이 다 없어졌다는 말은 아닙니다. 하나님께서 나를 사용하실 수 있을 것인가에 대한 의심, 하나님께서 나를 위해 어떤 계획을 갖고 계신가에 대한 의심, 심지어는 그분의 성품에 대한 의심 같은 것은 했었습니다. 그러나 하나님이 존재하신다는 데 대한 의심은 한 적이 없습니다. 모든 세세한 일을 다 다스리시는 하나님께서 내가 간절한 마음으로 기도했던 그날 밤 자신이 존재하고 계시며 침묵하지 않으신다는 사실을 내게 입증해 보이셨습니다.

하나님의 돌보심을 받는 즐거움

어느 날 아침 나는 하나님의 사랑과 돌보심에 대하여 생각하면서 다음 글을 읽었습니다.

한 여자 선교사가 이방 사람들 가운데서 선교 활동을 하던 중 보급원이 끊어져서 곤란을 당하게 되었습니다. 그는 곤란 중에서 하나님께서 자신의 필요를 채워 주신다는 약속을 주장하며 기도를 했습니다. 그는 건강도 좋지 않았습니다. 그러자 그 나라의 다른 지역에 살고 있던 어느 사업가가 스코틀랜드산 오트밀이 든 큰 상자를 보내 주었습니다. 그에게는 연유가 몇 톤 있었기 때문에 그 두 가지 식품으로 감사한 마음을 가지고 4주라는 긴 기간 동안 생활할 수 있었습니다. 시간이 흐르면서 그의 건강은 자신이 느낄 수 있을 정도로 좋아졌습니다. 4주가 지난 후에는 건강이 완전히 회복되었음을 느끼게 되었습니다. 그 후 어느 의사가 참석한 모임에서 자기가 겪은 것을 이야기했더니, 그 의사는 그 당시 그의 건강 상태에 대해 자세히 물었습니다. 그것을 다 듣고 난 의사는 이렇게 말했습니다. "주님께서는 당신의 기도를 들으시고 당신이 깨달은 것 이상으로 당신에게 필요한 것을 올바르게 채워 주셨습니다. 당신이 그 당시 앓고 있었던 병에 대해서는 우리 의사들이 4주간 오트밀 죽 이외의 음식은 먹지 않도록 처방하고 있습니다. 주님께서 당신에게 그 처방을 하셨고 그것밖에 먹지 못하도록 돌보셨습니다. 그것은 가장 적절한 치료법이었습니다."

하나님의 명철은 정말로 한이 없습니다! 하나님께서는 어린 아이가 하나님이 계시다는 것을 알 수 있도록 작은 일들에까지도 일일이 신경을 써주시고, 병든 선교사에게 건강을 회복할 수 있도록 가장 적절한 음식을 공급해 주셨습니다.

성경에도 그 사실은 분명하게 나타나 있습니다. 남편과 나는 지금까지 단 한 번 이스라엘에 가본 적이 있는데, 그때 머물렀던 기간도 짧았습니다. 우리가 본 땅은 경작지 이외는 전부 바위투성이거나 건조하여 식물이 없는 땅이었습니다. 그래서 나는 그리스도께서 오천 명을 먹이신 기사에 흥미가 끌렸습니다. 말이 오천 명이지 그 숫자에 포함되지 않은 여자와 아이들까지 치면 팔천 명 내지 이만 명은 족히 되었을 것입니다. 그 기사를 다시 펴보니 세 복음서에는 그 당시 거기에는 잔디가 있었다고 기록되어 있었습니다(마가복음 6:39, 마태복음 14:19, 요한복음 6:10). 요한복음에는 "그곳에 잔디가 **많은지라**"라고 기록되어 있습니다.

하나님께서는 쓸데없는 말을 기록하게 하지는 않으십니다. 그러므로 성령께서 요한에게 당시 그 언덕의 상태에 대해 기록하게 하신 데에는 그만한 이유가 있음에 틀림없을 것입니다.

주님께서 제자들과 함께하셨던 그 산에는 장정만도 오천 명이요 여자와 아이들까지 합하면 매우 많은 수의 사람들이 따라와 예수님의 말씀을 들었습니다. 날이 저물어 가자 주님의 관심은 이제 그 무리들을 어떻게 먹이느냐에 있었습니다. 그대로 두면 아이들은 먹지 못해서 힘을 잃을 것이요, 모든 사람이 다 허기지게 되는 것이었습니다. 그리스도께서는 그들의 필요를 살피셨습니다.

그러나 그것만이 전부는 아니었습니다!

주님께서는 그들이 불편해할 것도 염두에 두셨습니다. 주님께서는 그 무리들이 '푹신한 잔디' 위에 앉을 수 있도록 잔디가 많은 장소를 택하셨습니다. 그런 사실이 세 복음서에 기록이 된 것을 보면 그것은 중요한 일이었음에 틀림없습니다.

나는 그리스도께서 여러 달 동안 그 언덕을 예비해 오셨으리라고 생각합니다. 이 우주를 만드신 창조주께서 비를 흡족히 내리게 하셔서 잔디가 그 언덕에 잘 자라게 해주시고, 햇빛을 넉넉히 비춰 주셔서 푸르고 무성하게 나게 하여 푹신하게 될 수 있도록 해주셨으리라고 믿습니다. 주님께서는 그들이 말씀을 들을 때 편히 앉아 들을 수 있게 그 잔디를 미리 준비하셨을 것입니다.

하나님의 눈은 언제나 우리를 향해 있습니다! 주님께서는 **늘** 우리의 필요를 살피시고 우리에게 가장 크게 유익이 되도록 채워 주십니다. 설교를 들을 때 편안함을 줄 수 있는 자리 같은 특별한 것까지도 염두에 두십니다. 이런 글도 있습니다. "아침이 되면 하나님께서는 당신이 일어나기도 전에 하루를 생각하십니다! 하나님께서는 당신이 깨기 오래 전부터 기다리고 계십니다. 하나님께서는 당신의 모든 삶의 여정을 당신보다 앞서서 행하십니다." 어떤 때는 우리로 '인내하는 자'가 될 수 있도록 하기 위하여, 역풍에 강한 자가 되도록 하기 위하여, 우리를 불편한 바위 위에 앉힐 필요가 있다는 것을 하나님께서는 알고 계십니다. 그러나 편안한 것이 우리에게 유익이 된다는 것을 아실 때에는 하나님께서는 '많은 잔디'를 준비하셔서 우리를 즐겁게 해주기를 원하십니다.

우리가 천국을 상속받을 것으로 인한 즐거움

해외여행 6주째 접어들면서 남편과 나는 스위스의 높은 산간 계곡에 있는 멋진 마을에 갔습니다. 우리 호텔 객실에 붙은 작은 난간에서 나는 이런 글을 썼습니다.

창문 앞에 앉으니 눈앞에 알프스의 장관이 펼쳐진다. 하얀 눈을 뒤집어 쓴 봉우리들과 여기저기 솟은 크고 작은 바위들 위로 쏟아지는 눈부신 햇빛과 가려진 그늘들, 저 아래로 펼쳐지는 짙푸른 숲과 기름진 계곡… 하얀 구름을 뚫고 우뚝 솟은 최고봉 마터호른, 다른 큰 봉우리들도 거기에 비하면 난쟁이들이다. 숨 막힐 것 같은 아름다움이여!
그런데 하나님께서는 "그런 건 예고편에 불과하단다"라고 속삭이신다.

　어젯밤 멋진 식당에서 우린 향기로운 소스를 친 맛있는 비프 퐁뒤를 먹었다. 그것이 우리 식탁의 냄비에서 보글보글 끓으며 맛있는 냄새를 풍길 때 그 소리는 잠시 후 맛볼 요리의 서곡과도 같이 들렸다.

　세상이 보여 줄 수 있는 가장 장엄한 광경이 눈앞에 전개되고 있다. 하지만 그것도 진짜를 보기 전에 잠시 보게 되는 예고편에 지나지 않는다. **천국**이 그 진짜다. "주님, 어머니와 아버지와 조이가 이 순간 그 진짜를 맛보고 있는 것에 감사를 드립니다!"

　천국에 가까이 가면 갈수록 내 앞에 펼쳐질 것들에 대한 생각으로 더욱더 즐거워질 것입니다. 확신컨대 우리가 꿈꿀 수 있는 모든 꿈을 넘어서는 무한한 것들이기에 그곳에 대해 단지 일부분밖에는 설명해 주지 않으셨습니다.

　하지만 우리 미래의 즐거움을 일부나마 상상해 본다는 것은 재미있습니다. 그중 어떤 것들은 내가 확신하고 있고, 어떤 것들은 '아마 그럴 거야' 하고 꿈꾸고 있습니다.

　내가 확신하고 있는 것은, 우리가 하늘나라에 가면 여기 있을 때보다 더욱 생기 있고, 더욱 힘차고, 더욱 활기찬 삶을 누리게 될 것이라는 사실입니다. "우리가 이제는 거울로 보는 것같이 희미하나 그때에는 얼굴과 얼굴을 대하여 볼 것이요"(고린도전서 13:12). 그 차이는 마치 가장 깊은 어두움과 가장 찬란한 햇빛의 차이와 같습니다. 이 세상이 바로 그 깊은 어두움입니다. 이전에는 천국을 어슴푸레하고 몽롱한 곳으로 생각해서 우리가 모두 무엇을 할지 모르는 가운데 그저 둥둥 떠다니는 곳처럼 생각했지만, 지금은 그렇지 않습니다. 지금까지 살아온 삶을 돌이켜 보면 이 세상이 바로 그런 몽롱한 곳입니다. 천국에 가면 지금 우리가 가지고 있는 오감을 넘어서서 여섯 가지 혹은 일곱 가지 또는 그 이상의 감각을 가지고 활기차고 즐거운 삶을 맛보며 우리를 둘러싸고 있는 것들에 대한 경이로움을 경험할 것입니다. 우리가 현재 가지고 있는 모든 감각들은 그때가 되면 100% 기능을 발휘해서 하늘나라의 아름다움과 소리와 냄새와 촉감과 맛을 느낄 수 있게 해줄 것입니다.

마가복음 4:35을 읽어 봅시다. "그날 저물 때에 제자들에게 이르시되, '우리가 저편으로 건너가자' 하시니." 우리 인생의 황혼에 이를 때, 주님께서는 "우리가 저편으로 건너가자"라고 말씀하실 것입니다. 우리는 그처럼 멋진 여행에 주님께서 우리와 동행해 주시리라는 것을 확신할 수 있습니다. 에이미 카마이클은 이렇게 썼습니다.

아들이 물었습니다. "죽음이 무엇입니까?"
구주께서 대답하셨습니다. "내가 다시 돌아와 너를 나 있는 곳에 영접하리라. 그리하여 나 있는 곳에 너도 함께 있게 하리라."

아들은 그 평화로운 단어들을 되풀이했습니다. **내가 너를 나 있는 곳에 영접하리라**…. 그는 사람들이 그 부드러운 말에 죽음이라는 너무나 거친 이름을 붙였다는 것에 놀랐습니다. 그 말들이 그에게는 감미로운 것 같았습니다. 한 마디 한 마디가 종소리같이 맑았습니다. 또한 그것들은 한껏 햇빛을 받고 있는 꽃처럼 생기에 가득 차 있다는 생각이 들었습니다.

하나님께서 주시는 즐거움은 도처에 있습니다! 때로는 도무지 걷힐 것 같지 않은 빽빽한 먹장구름으로 뒤덮인 인생의 폭풍우 가운데서도 즐거움은 있습니다. 반면에 햇빛이 비치는데도 우리가 기꺼이 쳐다보려 하지 않아서 못 보는 때도 있습니다. 폭풍우를 뛰어넘어서 살아가는 데는 너무나 많은 노력이 필요합니다. 우리는 시편 기자와도 같이 끊임없이 기도할 필요가 있습니다. "내 눈을 열어서 주의 법의 기이한 것을 보게 하소서"(시편 119:18).

우리로 매순간, 매일, 어느 때나, 폭풍우와 햇빛을 뚫고 마침내 주님을 얼굴과 얼굴로 대하게 하소서.

오 주님.
파도를 주신 것을 감사드립니다. 큰 파도들을 주신 것을 감사드리며, 또한 모든 작은 파도들을 인하여 다 감사드립니다. 주님 자신과, 주님의 신실하심과, 주님의 돌보심과, 주님의 사랑을 가르쳐 주신 것을 진정으로 감사드립니다. 사납게 휘몰아치는 폭풍우 속에서도 저를 안전하게 지켜 주시니 감사드립니다. 저에게 몰아닥친 광풍을 향해 "잠잠하라. 고요하라!" 하고 명하시며, 폭풍우 가운데서 나를 건져 주시고, 새는 틈을 막아 주시며, 주님의 그 햇빛으로 인한 즐거움을 저에게 주시니 감사드립니다. 저로 점차 그 햇빛을 깨닫도록 도와주시옵소서. 제가 폭풍우에 젖어 있을 때라도 **주님만 제게 계시면** 햇빛을 보게 될 것을 알게 도와주시옵소서.

또한 주님께서 종착점까지, 주님의 환희의 해안까지, 주님과 영원을 함께 보내게 될 하늘나라로 저를 인도하실 때까지, 제 인생에서 맛볼 폭풍과 햇빛이 주님을 기쁘시게 하는 것이 될 수 있도록 도와주시옵소서. 아멘.

적용을 위한 성경공부

1. 시편 36편을 읽고 하나님의 성품들을 열거하십시오. 이 특성들이 우리 삶에서 맺어야 하는 결실들은 무엇입니까?

2. 시편 36:8을 풀어 쓰십시오.

우리가 하나님의 복락의 강수를 어떻게 마실 수 있습니까?

하나님께서 이번 주에 당신에게 어떤 특별한 복락 곧 즐거움을 주셨습니까?

당신에게 즐거움이 될 수 있는 것에 대하여 당신은 구체적으로 무엇을 위해 기도하고 있습니까? 당신이 필요로 하는 것, 특별한 것, 보너스 등으로 당신이 받고 싶은 것은 무엇입니까?

3. 시편 37:3-5을 읽고 풀어 쓰십시오.

이 구절이 당신에게는 어떤 의미를 줍니까?

당신은 이번 주에 주님 안에서 어떻게 하면 더 즐거워할 수가 있겠습니까?

일상의 풍랑에서 제자로 사는 삶

1988년 4월 6일 초판 1쇄 발행
2017년 4월 20일 개정 1쇄 발행

펴낸곳: 네비게이토 출판사 ©
주소: 03784 서울시 서대문구 연희로 16 (창천동)
전화: 334-3305(대표), 334-3037(주문), FAX: 334-3119
홈페이지: http://navpress.co.kr
출판등록: 제10-111호(1973년 3월 12일)
ISBN 978-89-375-0525-6 03230

본 출판사의 서면 허락 없이는 본서의 전부 또는
일부의 무단 복제 또는 원문에 대한 무단 번역을 금합니다.